Die einzige Möglichkeit,
eine vollkommene Beziehung zu erleben,
ist dann gegeben,
wenn zwei Menschen
ihre eigene Vollkommenheit erfahren

Leonard Orr

Sondra Ray

JA zur Liebe

Das Geheimnis der wunderbaren Partnerschaft

Verlag PETER ERD · München

LOVING RELATIONSHIPS
By Sondra Ray
Original English Language edition published by
Celestial Arts, Berkeley, California

Umschlaggestaltung: Barbara Klauer
Foto: Bild-Agentur Mauritius – H. Blume
Aus dem Amerikanischen übertragen und bearbeitet von
Ursula Lindt

Printed in West-Germany
ISBN 3-8138-0069-5

Dieses Buch unterscheidet sich von allen anderen Büchern, die Sie möglicherweise schon über Beziehungen gelesen haben. Ausgangspunkte sind:

1. Die spirituelle Wahrheit, daß GEDANKEN SCHÖPFERISCH SIND. Sie können alles verändern, wenn Sie Ihre Gedanken ändern, besonders die des tiefen Unterbewußtseins, die zerstörerische Auswirkungen auf Beziehungen haben.

2. Neue Untersuchungen über die Auswirkung des Geburtstraumas. Diese Informationen standen früher niemals richtig zur Verfügung. Rebirthing, ein Vorgang, der den körperlichen und psychischen Schaden wiedergutmacht, der bei der Geburt eintrat, ist vor fünf Jahren entwickelt worden (Erstausgabe des Buches in den USA 1980) und hat uns ganz eindeutig gelehrt, wie Ihre Geburt Ihre Beziehungen beeinflußt.

3. Das Konzept der körperlichen Unsterblichkeit – wie Sie lernen können, den Körper so zu beherrschen, daß er tatsächlich »verjüngt« wird und Sie ihn auf dem gewünschten Altersniveau halten können. Das bedeutet, Sie können Ihr Leben verlängern, so lange Sie es wünschen, wenn Sie erst einmal diese Philosophie beherrschen, Rebirthing ständig anwenden und Ihre Gedanken verändern.

Aufgrund dieser spirituellen Wahrheiten und der Tatsache, daß wir jetzt in das wirkliche Zeitalter der Erleuchtung eintreten, könnte unsere Generation die erste sein, die in Beziehungen völlige Gesundheit und wirkliches Lebendigsein erfahren.

Meine anderen Bücher waren Leonard Orr, dem Begründer des Rebirthing, und meiner Mutter Ethel Miller gewidmet.

Es ist mir eine Ehre, dieses Buch
meinem großen Lehrer und wundervollen Freund, Herakhan Baba Sri Sri, 1008, Dem Unsterblichen Meister, zu widmen.

Inhaltsverzeichnis

Mein Wort an den Leser

Ich danke Leonard Orr dafür, daß er Rebirthing wieder entdeckt hat und ich durch Rebirthing geheilt werden konnte.

Ich danke Sondra Ray für ihre Liebe und Weisheit, mit der sie uns auf unserem spirituellen Weg begleitet.

Ich danke Sondra für dieses Buch und die Gründung des Loving Relationships Training und einer weltweiten spirituellen Gemeinschaft.

Ich wünsche allen Lesern dieses Buches Heilung und die Erkenntnis der Wahrheit über sich und ihre Beziehungen.

In Liebe
Ines Howe

Beziehungen – von diesem Buch an

Schon immer gab es vollkommene, aufrichtige, tiefe, befriedigende und aufregende Beziehungen in dieser Welt – doch sie sind wohl äußerst selten und normalerweise nur von kurzer Dauer. In der romantischen Literatur wurde immer wieder die Traumbeziehung beschrieben, die intenstiv und spontan war, alle anfänglichen Hindernisse überwand und die auf verschiedenste Weise endete: entweder starben die Liebenden einen gemeinsamen Tod auf der Höher ihrer Leidenschaft (Tristan und Isolde, Romeo und Julia) und hielten so die Intensität ihrer Verbindung aufrecht und machten diese Liebe unsterblich; oder »wenn sie nicht gestorben sind, so leben sie noch heute«. Grimms Märchen hören immer nach dieser Aussage auf, um den Leser nicht mit den profanen Details und den täglich sich wiederholenden Plagen des »Ehelebens« traurig zu stimmen. Mit diesen Vorstellungen wuchsen die meisten Menschen auf. Diese Idealbilder schufen Hoffnung und Kampf, die uns blind machten dafür, wie Beziehungen wirklich funktionieren und welche fundamentalen Prinzipien der Liebe und Freundschaft zwischen Menschen wirklich zugrunde liegen.

In den letzten zwanzig Jahren zerbröckelten in den Vereinigten Staaten die eingefahrenen Denkmuster darüber, wie Beziehungen wirklich sein sollten. Die Scheidungsrate stieg enorm, und es wurde klar, daß die alten Wege sich für die neuen Menschen nicht mehr eigneten. Die sexuelle Revolution wurde in eine neue Moral integriert, die noch die Gestaltung für eine echte und dauerhafte Befriedigung vermissen läßt. Die Vielzahl der Lebensstile, die zur Wahl stehen, ist verwirrend. Doch die Einsichten, die Ihnen die Macht über Ihr eigenes Leben geben können und Ihnen ermöglichen, alles Unbefriedigende in

Ihren Erfahrungen zu bereinigen, sind wirkliche Lebenswahrheiten und gehören keinem besonderen Lebensstil an. Das Buch handelt von diesen Wahrheiten, und deren Verständnis wird Ihnen den Weg weisen, durch die Liebe mehr Licht, Freiheit, Kraft und wahre Erfüllung in jede Art von Beziehung zu bringen, die Sie eingehen.

Diese »Wahrheiten« sind alt; sie haben schon immer bestanden, sind jedoch selten klar erkannt worden. Intuitive, gesunde Menschen haben sie ganz einfach demonstriert, indem es ihnen gelang, auszusprechen, was sie fühlten, und ohne Besitzanspruch miteinander zu leben. Das LRT (Loving Relationships Training oder Life-as-Relationship Training = Training für Liebevolle Beziehungen oder Training »des Lebens-als-Beziehung«) hat diese Prinzipien zu einer tiefgehenden, leichtverständlichen und aufregenden Erfahrungen zusammengefaßt, nach der Sie nicht mehr so tun können, als hätten Sie es nicht begriffen. Wenn Ihre Beziehung scheitert, dann wissen Sie, wie Sie herausfinden können warum, und was Sie dagegen unternehmen können. Dieses Buch und das entsprechende Training setzen den Schlußpunkt für Unbeugsamkeit, Unterdrückung und falsche Beweggründe in menschlichen Beziehungen. Es bildet die Grundlage für ein wachsendes Verständnis unter Tausenden von Menschen über das, was sie sich schon immer gewünscht haben, und wie sie es jetzt in ihrem Leben erreichen können.

Der Freundeskreis, der sich aus dem und um das LRT gebildet hat, wird täglich größer, mit oder ohne Training. Diejenigen von uns, die einander und auch Sondra besonders nahekamen durch die Teilnahme als Trainer, setzen diese Gedanken um in immer höhere Energie- und Erfahrungsebenen unserer gegenseitigen Beziehungen. Wir vertrauen und lieben einander und dulden keine Unwahrheiten. Von außen betrachtet mag es zeitweise so aussehen, als wären wir nichts Besonderes, doch von innen gesehen sind das Vertrauen und die gegenseitige Anerkennung zutiefst befriedigend, fruchtbar und heilend.

Nehmen Sie beim Lesen des Buches Beziehung zu Sondra und ihren Freunden auf. Wir *leben* dieses Buch, und wenn Sie uns durch die Seiten hindurch finden, nehmen wir Sie mit Freude in unser Leben auf.

Fred Lehrmann

Einleitung

Das Loving Relationships Training LRT (Training für Liebevolle Beziehungen) wurde geschaffen, damit Sie sich selbst ganz lieben lernen und jederzeit ein überreiches Maß an Liebe und Freude in all Ihren Beziehungen erfahren können. Dieses Buch enthält viele Ideen aus diesem Training und will Ihnen helfen, selbst in Ihren augenblicklichen Beziehungen gesund und glücklich zu werden und Ihr Denken über Beziehungen im ganzen zu bereinigen. Wenn Sie das Training für Liebevolle Beziehungen verstehen, möchten Sie sich wahrscheinlich die wundervollen heilenden Erfahrungen selbst zugute kommen lassen, indem Sie an dem Prozeß teilnehmen und sich an den Energien anderer gleichgesinnter Menschen erfreuen.

Der erste Schritt besteht immer darin, uns selbst zu heilen. Es ist meine Absicht, Ihnen dabei zu helfen, daß dies leicht und ohne Anstrengung geschieht. Wir lehren das, was wir selbst lernen müssen. Ich mußte etwas über Beziehungen lernen, deshalb schuf ich das LRT. Ich hatte mich so fest entschlossen, Beziehungen in den Griff zu bekommen, daß ich mich selbst trainieren wollte, ob sonst noch jemand kam oder nicht. Am Anfang war es mir ganz gleichgültig, ob am Training nur ein oder hundert Teilnehmer mitmachten. Ich brauchte das Training für mich selbst. Informationen flossen durch mich und ich schrieb sie auf. Manchmal mußte ich auch das Training bei anderen Trainern besuchen, um selbst daraus Gewinn ziehen zu können. Ich liebe dieses Programm – und ich bin begeistert, andere daran teilhaben zu lassen.

Lassen Sie uns also gleich beginnen. Die Geheimnisse einer großartigen Beziehung stehen schon im Inhaltsverzeichnis am Anfang dieses

Buches. Wenn Sie diese Seiten lesen, meinen Sie vielleicht, dies höre sich zu schwierig an oder würde zu lange dauern. Wenn Sie es sich schwermachen wollen, so ist das Ihre Sache. Ich schlage vor, Sie betrachten es als Spaß und machen es sich leicht.

Es ist sicher viel lustiger und leichter, diese Dinge zu erreichen, als an den alten negativen Mustern festzuhalten, die Sie langsam umbringen. Außerdem werden Sie feststellen, daß Ihre eigene Lebensenergie auf natürliche Weise freigesetzt wird, wenn Sie den Anleitungen in diesem Buch folgen und die alten Verhaltensmuster aufgeben. Und Sie haben sicherlich mehr Spaß am Leben, wenn Sie sich energiegeladen und positiv fühlen.

Prägt Sie jedoch die Einstellung, daß das Leben ein Kampf ist, dann kämpfen Sie vielleicht jetzt sogar mehr. Die meisten Menschen haben ein solches Kampfmuster in sich, das in ihrem Kampf bei der Geburt seinen Ausgangspunkt hat, und sie haben den unbewußten Gedanken »Das Leben ist ein Kampf« beibehalten. (Glücklicherweise gibt es neue Geburtsmethoden, die dies heute verhindern, und der Rebirthing-Vorgang heilt die Erwachsenen, die eine traumatische Geburt durchlebten.)

Beginnen Sie bitte damit, daß Sie über die folgende Bejahung meditieren: *Ich befolge die einfachen Anleitungen in diesem Buch und setze dadurch alte Verhaltensmuster mühelos und freudig frei, und ich kann wirklich großartige Beziehungen haben, die mich heilen.*

Sie werden so erleichtert sein über diese Aussage, daß Sie direkt spüren, wie Ihr Körper zum Leben erwacht und angeregt wird. Und genau das geschieht, wenn Sie Befürchtungen aufgeben wie »Beziehungen bringen für mich nichts« oder »Ich bekomme doch niemals das aus einer Liebesbeziehung, was ich mir wünsche«.

Es gibt noch eine Wahrheit, die ich Ihnen sogleich vermitteln möchte. Es ist ganz unmöglich, die tiefgreifende Wirkung und Auswirkung dieses Trainings in den Seiten dieses Buches einzufangen. Es ist die körperliche und emotionelle Erfahrung der Energie des LRT, die die Menschen verwandelt, die daran teilnehmen. Die immense Energie und Liebe im Raum drängt alles, was nicht Liebe ist, aus den Menschen und aus dem Raum heraus. Die, die aus dem Training kommen, sind in der Lage, viel mehr Liebe zu empfangen, weil die Empfangshindernisse ausgeräumt sind. Durch das Eintauchen in eine ungeheure Energiemenge lernt man, mit Freude umzugehen. (Diesen Energiestrom habe ich früher nie gespürt, außer mit Babaji, dem Yoga-Christen Indiens, oder in einem besonders intensiven Rebirthing.)

Ihr Entschluß, dieses Buch zu lesen, ist ein sicheres Zeichen, daß Sie bereit sind zu diesem Training.

Und weil Sie bereit sind, so viel aus der Quelle zu empfangen, wird Ihnen unmittelbar Positives entgegentreten. Seien Sie sicher, daß Sie allein, indem Sie denken »Ich bin jetzt bereit, mein Leben und meine Beziehungen anzusehen und in Ordnung zu bringen«, schon eine magische Transformation einleiten. Sagen Sie sich selbst: »Vielleicht nehme ich sogar am LRT teil und am Rebirthing.« Menschen berichten oft, daß Ihre Beziehungen sich bereits bessern, sobald sie sich zum Training anmelden. Der Grund dafür ist ganz einfach: Sie sind bereit.

Wie aufregend wird es sein, wenn wir alle gemeinsam diese Dinge meistern, und zusammen in all dieser positiven Energie leben!

Die Menschen um mich befinden sich immer im Training. Es sollte also wirklich Freude machen. Und das tut es. Einer der Teilnehmer, Peter, setzte das Gerücht in Umlauf, daß es »der Himmel auf Erden« sei. Für mich ist es der Himmel, denn während des Trainings scheinen die vollkommensten Gedanken durch mich hindurchzufließen. Sehen Sie, der Himmel ist ja kein Ort; er ist das Reich vollkommener Ideen.

Deshalb dient der erste Tag des Trainings dazu, in gewaltigen Prozessen aus dem Bewußtsein der Teilnehmer Abfall zu beseitigen, der der Erfahrung der eigenen Vollkommenheit im Wege steht.

Ich habe das Training geschaffen, um mich selbst zu heilen. Es fällt mir so leicht, andere daran teilhaben zu lassen, daß jetzt viele zugleich mit mir geheilt werden können. Und ist es nicht gerade das, was wir alle uns wünschen? An Körper, Seele und Geist geheilt zu sein und Freude am Leben zu empfinden?

Die Welt ist als Spielwiese gedacht, und wir sollten selbst an den kleinsten Unternehmungen Spaß haben.

Ich möchte den Menschen meine Anerkennung aussprechen, die vor mir da waren und damit begannen, das Massenbewußtsein zu heilen.

Ich möchte auch mich selbst würdigen, weil ich die Wahrheit so viele Jahre lang suchte und nicht aufgab, bis ich sie fand.

Ich liebe Sie.

Sondra Ray!

Auf Partner anziehend wirken

Es ist sehr leicht, auf einen Menschen oder den Partner anziehend zu wirken, wenn Sie nur glauben, daß Sie es können! Verstehen Sie auch nur ein wenig von Metaphysik, dann sind die Tage der Sorge und der Sehnsucht und der Besuche in Single-Bars vorüber. Es gibt doch dieses »universale metaphysische Gesetz der Anziehung«. Ich nenne es allerdings viel lieber den »kosmischen Rendezvous-Service«. Der funktioniert auch tatsächlich immer, wenn Sie nur einverstanden sind. Sie brauchen sich auch nicht um das Wo oder Wie zu kümmern. Der Mensch, den Sie suchen, kann *überall* auftauchen, wenn – aber nur dann – wenn Sie bereit sind. Sie müssen nur die richtigen Gedanken denken und jeglichen Widerstand zu »empfangen« aufgeben.

Die meisten Menschen begehen den Fehler, zu vergessen, daß ihre Gedanken *ständig* Ergebnisse hervorbringen. Da gibt es Leute, die herumlaufen und denken »Ich finde nie jemanden« oder »Hier gibt es für mich keine geeigneten Männer (oder Frauen)« oder »Niemand will sich mit mir verabreden« – und dann wundern sie sich, daß sie allein zu Hause sitzen! Besonders wenn eine Beziehung beendet wurde, hat der »verlassene« Teil oft Gedanken wie: »Ich finde nie mehr jemanden, der so gut zu mir paßt wie er (oder sie).« »Ich schaffe es nicht allein«, oder »Mein Leben ist vorbei.« Alle diese Gedanken sind destruktiv und bringen nur negative Ergebnisse.

Es ist wichtig, im Herzen auf Empfang geschaltet zu bleiben. Dann müssen Sie akzeptieren und sicher sein, daß Sie verdient haben, was Sie sich wünschen. Eine gute Bejahung ist: »Ich bin jetzt bereit, den von mir ersehnten Mann (oder die Frau) in mein Leben hereinzulassen.« Zeigt sich innerhalb einer gewissen Zeit, nachdem Sie diese Bejahung sprechen und aufschreiben, kein Ergebnis, dann ist eine Blockade vorhanden... oder das, was ich als »entgegenwirkende Einstellung« bezeichne. Sie haben in sich einen Gedanken begraben, der das sabotiert – und Sie müssen ihn finden. Diese Gedanken können leicht entdeckt und freigesetzt werden, wenn Sie die in diesem Buch beschriebenen Affirmationstechniken einsetzen.

Sie werden Partner anziehen (tatsächlich ziehen Sie jeden Menschen in Ihrem Leben durch Ihre Gedanken an; das trifft auch auf Klienten, Geschäftspartner und Freunde zu), die in Ihr Familienmuster hineinpassen. Nachdem Sie dieses Muster verstanden und aufgelöst haben, werden Sie automatisch jemanden anziehen, der in Harmonie mit Ihrem höchsten Denken ist, und dann wird das Leben leicht. Der beste Weg, alte »neurotische« Familienmuster aufzulösen, ist durch Rebirthing (Rebirthing ist eine Atemtechnik, mit der Ihr Bewußtsein bis zurück zur Geburt geklärt wird) und durch das »Training für Liebevolle Beziehungen«. Verläufig ist dieses Buch ein guter Weg, damit zu beginnen.

TEIL EINS

Die Geheimnisse

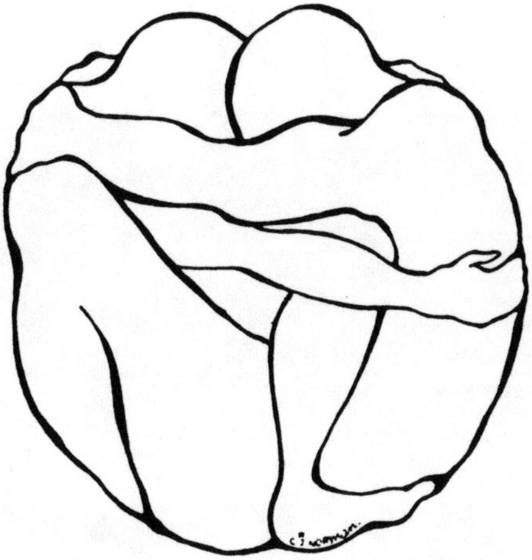

Die Geheimnisse

Als ich klein war, wurde ich getauft, ging zur Sonntagsschule, zur Kirche, dann zur Bibelstunde, zur Kommunion und für eine Zeit sogar in ein College, das unter der Verwaltung einer Kirche stand. Doch es gab etwas, das mir nie klar wurde. *Warum* war mein Vater krank und ständig fast am Sterben? Und warum starben überhaupt alle Menschen, und was war eigentlich auf der Erde los? Ich fragte häufig meinen Pfarrer, warum Gott die Menschen sterben ließ oder sie tötete? Diese Fragen wurden nie zu meiner Zufriedenheit beantwortet. Und dann sagte jeder: »Der Herr hat ihn genommen.« Ich konnte und wollte mich damit nicht abfinden. Das alles ergab einfach keinen Sinn. Man ließ mich in der Vorstellung leben, Gott sei etwas außerhalb von mir, das mich ständig unter Kontrolle hatte, und wenn ich nicht aufpaßte, konnte sogar an jedem x-beliebigen Tag das »Göttliche Richtbeil« auf mich herabfallen! Diese Vorstellung machte mich nicht nur sehr nervös, sondern brachte mich auch völlig durcheinander. Und als mein Vater dann tatsächlich starb (ich war damals 15), reichte es mir! Ich sagte: »Wenn dies das Ergebnis dessen ist, was Gott tut, dann möchte ich mit ihm nichts zu tun haben.« Das endete in Schlaflosigkeit, unter der ich ein ganzes Jahr lang litt – neben all den anderen Schmerzen.

Schließlich verließ ich das Kirchliche College in völliger Verwirrung und totaler Rebellion.

Ich lief fort zur zweitgrößten Party-Schule der Nation (nach Aussage des »Playboy«) und versuchte mich zu amüsieren. Das gelang mir auch. Als ich dort wegging, war ich mit einem Atheisten verheiratet. Um es milde auszudrücken, ich hatte eine wahnsinnige Angst vor

Gott. Sieben Jahre später, obwohl immer noch in meinen Mann verliebt, wurde ich geschieden. Ich war todunglücklich und verlor mein Haar. Offensichtlich war das auch keine Lösung.

Gab es denn nicht irgendeine Antwort? Wo ist die Wahrheit? Was ist die Wahrheit? Ich mußte sie finden. Ich konnte es nicht ertragen, sie nicht zu kennen. So begann eine Suche, die dreizehn Jahre währte. Auf der Suche nach einer Antwort reiste ich buchstäblich durch die ganze Welt. Als ich die Antwort fand und mir über Gott immer klarer wurde, reiste ich noch mehr, um das Wort zu verbreiten. Jetzt bin ich 22 Jahre unterwegs und immer noch bereit weiterzumachen.

Ich weiß nur eines: Wenn Sie denken, es wäre Gott, der die Menschen tötet, Ihre Beziehungen zerstört und Sie straft, und wenn Sie »Ihn« dafür verantwortlich machen, dann geraten Sie in immer größere Probleme und Ihr Leben wird nie so sein, wie Sie es sich wünschen. Diese Vorstellung hilft Ihnen nicht weiter. Es hilft Ihnen aber auch nicht, wenn Sie glauben, Sie könnten »Gott aufgeben und das Ganze vergessen«. Eines Tages werden Sie doch gezwungen sein, in Ihrem Gemüt aufzuräumen. Eines Tages werden Sie erkennen müssen, daß Sie sich Ihr eigenes Universum durch Ihr Denken erschaffen, sogar für Ihren eigenen Tod verantwortlich sind, weil Sie ihn programmieren. Eines Tages werden Sie sehen, daß Sie wirklich einen freien Willen besitzen und daß Gott der große Bejahende ist, der immer »Ja« zu Ihren Gedanken sagt.

Erst als ich das langsam begriff, begannen auch meine Partnerschaften zu funktionieren – und nicht einen Augenblick früher.

1. Kapitel

Klären Sie Ihre Beziehung zu Gott

Wenn Sie sich gute persönliche Beziehungen wünschen, dann müssen Sie zunächst Ihre Beziehung zu Gott in Ordnung bringen. Sind Sie sich klar darüber, wer (oder was) Gott ist, dann haben Sie alle Hilfe, die Sie für Ihre Beziehungen brauchen. Sind Sie sich über Gott nicht im klaren, dann machen Sie vielleicht Ihn für Ihre Probleme verantwortlich oder denken sogar, daß Gott Sie straft und es Ihnen heimzahlen will.

Gott ist die Quelle, aus der alles und jedes hervorgeht. Haben Sie jedoch kein gutes Verhältnis zur Quelle, wie sollte dann Ihr Verhältnis zu anderen Menschen gut sein? Wie können Sie jemanden lieben, wenn Sie seinen Ursprung nicht lieben?

Um eine gute Beziehung zu Gott zu haben, müssen Sie wenigstens eine Vorstellung von Ihm haben, aber Er war für Menschen schon immer schwer zu begreifen. Vielleicht waren Sie deswegen verwirrt und haben sich bei Ihrer Suche nach der Wahrheit schuldig gefühlt, besonders dann, wenn Sie streng nach einer orthodoxen Religion erzogen wurden. Es scheint vielleicht unloyal Ihren Eltern und den Religionslehrern gegenüber, wenn Sie sich von dem abwenden wollen, was man Sie als Kind gelehrt hat. Eine solche Suche muß jedoch nicht unbedingt destruktiv sein; sie kann sogar die Vorstellungen Ihrer Kindheit erweitern und stärken.

Vielleicht haben Sie versucht, Gott wegzulaufen, doch wie sollte es Ihnen gelingen, vor Ihrer Quelle fortzulaufen? Um sich in Ihrem eigenen Wesen zu verankern, müssen Sie Ihre Einheit mit Gott bewahren. Es bleibt jedoch Ihnen überlassen: Gott läuft Ihnen nicht nach, wenn Sie versuchen, Ihn zu verlassen. Gott läßt Sie sich selbst finden. Mit anderen Worten ausgedrückt, hieße das: »Sie müssen Ihre eigene Rettung bewerkstelligen.«

Seit mehr als zweitausend Jahren fürchten die Menschen der westlichen Kultur Gott. Manchmal hassen wir Gott sogar, weil er uns in ein unserer Vorstellung nach begrenztes Universum gesteckt hat, in dem es keine Rettung vor dem Tod gibt. Doch das Zeitalter der Dunkelheit geht zu Ende und das Zeitalter wahrer Erleuchtung ist gekommen. Die Wahrheit braucht nicht länger unterdrückt werden.

In Wahrheit ist Gott die große Bejahung, die stets »Ja« zu dem sagt, was wir denken; Gott ist *Energie*, die unseren Gedanken verstärkt. Sage ich: »Mit siebzig möchte ich sterben«, dann antwortet Gott: »Ja, was immer du sagst«, und gibt diesem Gedanken mehr Energie. Wird uns erst einmal klar, daß Gedanken schöpferisch sind, dann können wir sagen: »Ich gebe den Gedanken auf, daß der Tod unvermeidbar ist, und ich werde *jünger*.«

Sobald wir wissen, daß uns alle Macht Gottes – so viel wir nur wollen – zu unserer Verfügung steht, verwandelt sich alles. Wir können Gott lieben! Wir brauchen keine Angst davor zu haben, uns Gott zu überlassen, denn wir wissen, daß Er uns nicht tötet.

In Wahrheit sind Sie die Quelle und auch Teil dieser Quelle. In anderen Worten, Sie und die Quelle sind untrennbar. Alle Ihre Beziehungen hängen von Ihnen selbst ab; Sie können sie haben, wie immer Sie sie sich wünschen, denn Gott, die Quelle, versieht Ihre Gedanken und Wünsche mit Energie.

Was ist Gott?

GOTT IST LIEBE

Was ist Gott?

GOTT IST ENERGIE, DIE IHRE GEDANKEN VERSTÄRKT

Was ist Gott?

GOTT IST EIN VIELFACHES VON IHNEN

Wer sind Sie? Das müssen Sie herausfinden. Ihre Aufgabe ist es herauszufinden, wer Sie sind und in welcher Beziehung Sie zu Gott stehen. Beginnen Sie jetzt, sich selbst und Ihre Mitmenschen als gesund und positiv anzusehen. Lieben Sie Ihre Nächsten, wie Gott sie liebt und wie Sie Gott lieben.

2. Kapitel

Gelangen Sie zur Erleuchtung

Vor vielen Jahren, während meiner Ehe, suchte ich therapeutischen Rat, und ging mit meinem Mann zusammen zu einer Eheberatung. Doch diese Beratung schien nirgendwohin zu führen, und ich regte mich immer mehr auf, weil wir so viel Geld ausgegeben hatten – und uns ohnehin scheiden ließen. Das Schlimme war, ich war nicht erleuchtet, und die Berater, die ich aufsuchte, waren es auch nicht. Heute kann ich glücklich sagen, daß die Zeiten vorbei sind. Nach meiner Erleuchtung wurde ich selbst Berater. Aber Eheberatungen sind meiner Meinung nach die schwerste Aufgabe, vor die ich je gestellt war. Zunächst sah ich jeden Partner für sich eine halbe bis eine Stunde. Dann führte ich mit beiden zusammen noch ungefähr eine Stunde lang ein Gespräch. Das war äußerst strapaziös und aufreibend.

Bob und Joan waren ein typisches Paar. Sie beschuldigte ihn, daß ihr gemeinsames sexuelles Leben nicht funktionierte, und er beschuldigte sie. Dann kamen sie zusammen und beschuldigten sich gegenseitig. Sie hatten nicht die leiseste Ahnung davon, daß ihre eigenen Gedanken zum Zeitpunkt der Geburt und während der Kindheit ihnen im Weg standen und sie diesen Schlamassel gemeinsam durch ihre unbewußten Gedanken erschufen. Hinzu kamen noch die negativen bewußten Gedanken, die sie sich gegenseitig an den Kopf warfen. Ich mußte sie unterbrechen und den beiden metaphysische Gesetzmäßigkeiten erklären. Schließlich machte ich den beiden klar, es sei zu anstrengend, mit ihnen so zu arbeiten und ich hätte auch keinen Anhaltspunkt, daß sie sich überhaupt ändern wollten. Ich fügte hinzu, daß ich nur bereit sei, mit ihnen zu arbeiten, wenn beide zunächst am Training für Liebevolle Beziehungen teilnähmen. Es schien wenig fair, mit ihnen immer wieder üben zu müssen, was auf individueller Basis viel Zeit erfordert und für die beiden sehr teuer geworden wäre. Zu meiner Überraschung waren beide einverstanden. Nach dem Training brauchten sie nur noch einmal zur Beratung zu kommen. Es war sehr leicht, mit ihnen zu arbeiten, nachdem sie beide zur Erleuchtung gelangt waren.

Wenn erst einmal *beide Partner* erleuchtet sind, können alle Fragen gelöst werden. Bis dahin ist es meist schwierig, wenn nicht sogar unmöglich.

Dieses ganze Buch beruht auf der Erleuchtung wie Leonard Orr sie mir erklärte – es war das größte Geschenk, das ich je erhielt.

ERLEUCHTUNG IST DAS SICHERE WISSEN
DER ABSOLUTEN WAHRHEIT

Die absolute Wahrheit ist das, was immer wahr ist, an jedem Ort, für jeden gleichermaßen, für immer.

Wie lautet die absolute Wahrheit, die zur Erleuchtung führt?

DIE ABSOLUTE WAHRHEIT IST,
GEDANKEN SIND SCHÖPFERISCH

oder

DER DENKENDE IST SCHÖPFERISCH MIT
SEINEN GEDANKEN

(Jeglicher Einwand auf diese Wahrheit wäre etwas, was Sie dachten, wodurch nur wiederum die Gültigkeit dieser Aussage bestätigt wird)

DER DENKER ERSCHAFFT, WAS ER DENKT
deshalb
HABEN GEDANKEN FOLGEN
deshalb
FÜHREN IHRE NEGATIVEN GEDANKEN ZU
NEGATIVEN ERGEBNISSEN
und
IHRE POSITIVEN GEDANKEN ZU

POSITIVEN ERGEBNISSEN
FÜR SIE

Gott ist Energie, die Ihre Gedanken verstärkt wird und immer »Ja« sagt zu dem, was Sie sagen.

IHRE GEDANKEN VERVIELFÄLTIGEN SICH
und
WORÜBER SIE INTENSIV NACHDENKEN, DAVON ERHALTEN SIE MEHR

Ihre Gedanken führen zu Ergebnissen, auch wenn Sie sie nicht mehr bewußt denken. Ist Ihnen etwas ganz Schlimmes widerfahren, dann fällt es Ihnen vielleicht schwer, zu verantworten, daß Sie dies selbst erschaffen haben, sofern es Ihnen nicht gelingt, an den negativen Gedanken heranzukommen, der tief in Ihrem Innern liegt und ursprünglich diese Situation geschaffen hat. Deshalb ist es von so großer Bedeutung, diese verschütteten negativen Gedanken ans Licht zu bringen und auszuräumen.

Ein Beispiel für einen Gedanken, der von der Geburt her Beziehungen stören kann, ist der, den sehr viele Frauen in dem Augenblick der Geburt faßten, als sie von einem männlichen Geburtshelfer an den Füßen angefaßt und nach unten hängend einen Klaps auf den Po bekamen: »Männer tun mir weh.«

Da Gedanken schöpferisch sind, sind die Ergebnisse im Leben kleiner Mädchen schon sehr früh sichtbar: Im Kindergarten bestätigen die Jungen sie, wenn sie die Mädchen umrennen oder sie schlagen. In der Schule werden sie von den Jungen geärgert. In der Oberschule fangen die Verabredungen an, und sie wird prompt versetzt, weil in ihrem Unterbewußtsein dieser Gedanke immer noch vorhanden ist.

Nachdem sie während Kindheit und Jugend hervorrief, daß Jungen sie schlecht behandelten, wird sie mit dem Gedanken erwachsen, daß Männer sie verletzen werden. Kommt dann ein Mann, der harmlos wirkt, legt sie ihre Ängste beiseite und schöpft Atem – lange genug, um sich in diesen Mann zu verlieben und ihn zu heiraten. Funktioniert das nicht und der Ehemann läuft mit der besten Freundin davon, wird die alte Überzeugung »Männer tun mir weh« verstärkt und sie entschließt sich, mit Männern nichts mehr zu tun zu haben. Und während der ganzen Zeit tun die Männer in ihrem Leben nichts anderes, als nur das Spiel ihrer lebenslangen unterbewußten Überzeugungen mitzuspielen. Sie selbst war sich dessen natürlich nicht einmal bewußt.

Offensichtlich spiegeln auch Frauen die Gedanken der Männer in ähnlicher Weise wider. Bei vielen Männern tritt bei der Geburt der Gedanke auf: »Frauen wollen mich ersticken (töten).« Frauen entsprechen dieser Erwartung vielleicht durch zu viel an Mütterlichkeit und Beschützerverhalten. Männer verstehen dies gewöhnlich als Versuch, sie zu fangen. Und so geht es weiter. Gedanken sind schöpferisch.

Der Weg aus diesen destruktiven unterbewußten Gedanken führt über Bejahungen wie diese:

Ich vergebe dem Arzt für die Schmerzen, die er mir bei meiner Geburt verursacht hat.

Ich vergebe meiner Mutter die Schmerzen, die sie mir bei meiner Geburt verursacht hat.

Ich vergebe mir selbst für die Schmerzen, die ich mir bei meiner Geburt verursacht habe.

Andere Männer sind weder mein Geburtshelfer, noch mein Vater. Andere Frauen sind nicht meine Mutter.

3. Kapitel

Verwenden Sie Affirmationen

Betsy ist ein typisches Beispiel für viele Klienten mit dem tiefsitzenden negativen Gedanken, daß niemand sie mag oder haben will. Sie ging tatsächlich mit dem unterbewußten Gedanken durchs Leben: »Niemand mag mich, niemand will mich«, und dann wunderte sie sich, warum keine ihrer Beziehungen funktioniert. Vor ihrer Erleuchtung war sie einfach unfähig, etwas dagegen zu unternehmen. Ein Mann kam auf sie zu und wollte sie lieben. Sie konnte dies jedoch nicht richtig einschätzen, weil es ihrer grundsätzlichen Einstellung über sich selbst widersprach. In Wirklichkeit funkte sie allen Männern psychisch die Botschaft zu: »Du sollst mich nicht mögen, du sollst mich nicht wollen.« Und so entsprachen die Männer telepathisch diesem Wunsch und ließen es.

Zunächst war es sehr schwer für Betsy, zu glauben, daß sie nur ihre Gedanken ändern mußte, um neue Ergebnisse zu erzielen. Ich konnte ihr dies gut nachfühlen, denn mir fiel es auch einmal so schwer zu glauben, es könne so einfach sein. Sie widerstand jedoch der Bejahung: »Alle Menschen mögen mich«, weil sie ihrer Meinung nach eine Lüge war. Ich erklärte ihr, daß dies sich zunächst als Lüge anhören mag, sie sich jedoch selbst davon überzeugen muß, daß dies nicht der Fall ist. Ich führte sie stufenweise dahin und ließ sie folgendes aufschreiben:

> Da ich es war, die dachte, daß niemand mich mag und niemand mich will, bin ich es auch, die jetzt ebensogut denken kann, daß die Menschen anfangen, mich zu mögen.

Nachdem sie den Gedanken akzeptierte: »Die Menschen beginnen, mich zu mögen« stellte sie einige Veränderungen fest. Die Menschen verhielten sich ihr gegenüber ganz anders. Ab dem Moment war sie auch selbst überzeugter und änderte ihre Gedanken in »Die Menschen mögen mich.«

Wir müssen unser Denken neu programmieren, genauso wie sie. Es funktioniert. Um einen negativen Gedanken, den Sie lange Zeit gehegt haben, leichter umzuändern, sollten Sie tief Luft holen, den neuen Gedanken mit dem Einatmen aufnehmen und den alten Gedanken beim Ausatmen loslassen.

Eine Bejahung ist ein positiver Gedanke, den Sie bewußt wählen und in Ihr Bewußtsein senken, um ein bestimmtes gewünschtes Ergebnis hervorzubringen.

Mit anderen Worten, Sie geben jetzt Ihrem Gemüt bewußt eine Idee ein. Ihr Gemüt wird das Gewünschte erschaffen, wenn Sie ihm nur die Gelegenheit dazu geben. Durch Wiederholung füttern Sie Ihr Gemüt mit positiven Gedanken und erreichen das gewünschte Ziel. Es gibt verschiedene Wege, Affirmationen einzusetzen.

Der wohl einfachste und wirkungsvollste Weg, den ich herausgefunden habe, ist der, jede Bejahung zehn bis zwanzig Mal auf ein Blatt Papier zu schreiben und rechts genügend Platz zu lassen für emotionale »Entgegnungen«. Nachdem Sie die Affirmation auf der linken Hälfte des Blattes niedergeschrieben haben, tragen Sie rechts alle Gedanken, Überlegungen, Überzeugungen, Befürchtungen oder Emotionen ein, die Ihnen während des Schreibens bewußt werden. Fahren Sie fort mit den Affirmationen und beobachten Sie, wie die Aussagen auf der rechten Blattseite sich ändern. Eine kraftvolle Affirmation bringt alle negativen Gedanken und Gefühle ans Licht, die tief in Ihrem Bewußtsein verborgen sind, und so können Sie herausfinden, was zwischen Ihnen und Ihrem Ziel steht. *Die wiederholte Anwendung der Affirmation wird sich gleichzeitig in Ihr Denken einprägen, das alte Gedankenmuster auslöschen und auf Dauer die ersehnten Änderungen in Ihrem Leben erreichen!*

Es ist wahr – Gedanken bringen Ergebnisse; und da hierdurch die Verwirklichung schon sehr bald erkannt werden kann, sind die Ergebnisse häufig überraschend.

Kehren wir zurück zum Beispiel der negativen Gedanken des vorigen Kapitels; wir können die soeben beschriebene Vorgehensweise anwenden, um im Unterbewußtsein einen negativen durch einen positiven Gedanken auszutauschen. Nehmen wir den Gedanken: »Männer tun mir weh«. Eine Umkehrung dieses Satzes wäre: »Männer wollen immer mein Bestes.« Die Übung würde dann wie folgt aussehen:

Männer wollen immer mein Bestes
Zum Teufel noch mal!
Männer wollen immer mein Bestes
Stimmt doch überhaupt nicht.
Männer wollen immer mein Bestes.
Nein, ich möchte heulen.
Männer wollen immer mein Bestes.
Warum sollten sie?
Männer wollen immer mein Bestes.
Mein Vater hat mich vernachlässigt.
Männer wollen immer mein Bestes.
Ich hätte das gar nicht verdient.
Männer wollen immer mein Bestes.
So großartig bin ich nicht.
Männer wollen immer mein Bestes.
Ha, ha, ha.
Männer wollen immer mein Bestes.
Wie das denn?
Männer wollen immer mein Bestes.
Das kann ich mir nicht vorstellen.
Männer wollen immer mein Bestes.
Erzähl mir das nur.
Männer wollen immer mein Bestes.
Man kann Männern nicht trauen.
Männer wollen immer mein Bestes.
Kann man einem Mann trauen?
Männer wollen immer mein Bestes.
Tatsächlich?
Männer wollen immer mein Bestes.

Ihr Bestes doch wohl.
Männer wollen immer mein Bestes.
Ich weiß, was Männer wollen ...
Männer wollen immer mein Bestes.
Vielleicht gibt es ja eine Ausnahme.
Männer wollen immer mein Bestes.
Das Beste für mich?
Männer wollen immer mein Bestes.
Ist das überhaupt möglich?
Männer wollen immer mein Bestes.
Könnten Männer sich um mich sorgen?
Männer wollen immer mein Bestes.
Vielleicht wollen sie das ja wirklich.
Männer wollen immer mein Bestes.
Kann das sein?

Hören Sie erst auf mit den Affirmationen und Ihren Antworten, wenn keine negativen Antworten mehr hochkommen. Gelingt es Ihnen, die Affirmationen zu schreiben und neutral zu bleiben, dann wird Ihr Unterbewußtsein ohne Störung programmiert.

Denken wir an das zweite Beispiel, den Mann mit dem negativen Gedanken, »Alle Frauen wollen mich ersticken (umbringen)«. Dies könnte man umkehren in die Aussage: »Frauen geben mir immer Gesundheit und Stärke.« Wiederholt man diese Aussage, dann sehen die Antworten vielleicht so aus:

Frauen geben mir immer Gesundheit und Stärke.
Daß ich nicht lache.
Frauen geben mir immer Gesundheit und Stärke.
Die geben mir doch nur Ärger.
Frauen geben mir immer Gesundheit und Stärke.
Das macht mich ganz traurig.
Frauen geben mir immer Gesundheit und Stärke.
Meine Mutter nörgelt an mir herum.
Frauen geben mir immer Gesundheit und Stärke.

Sie beachten mich nicht einmal.
Frauen geben mir immer Gesundheit und Stärke.
Ich kann ihnen nicht vertrauen.
Frauen geben mir immer Gesundheit und Stärke.
Ich wollte, ich könnte das glauben.
Frauen geben mir immer Gesundheit und Stärke.
Mein Hals ist wie zugeschnürt, ich möchte weinen.
Frauen geben mir immer Gesundheit und Stärke.
Nicht einmal weinen lassen sie mich.
Frauen geben mir immer Gesundheit und Stärke.
Ich habe Angst.
Frauen geben mir immer Gesundheit und Stärke.
Ich bin ganz durcheinander.
Frauen geben mir immer Gesundheit und Stärke.
Das scheint sehr riskant.
Frauen geben mir immer Gesundheit und Stärke.
Das könnte möglich sein.
Frauen geben mir immer Gesundheit und Stärke.
Darauf würde ich mich nicht verlassen.
Frauen geben mir immer Gesundheit und Stärke.
Vielleicht.
Frauen geben mir immer Gesundheit und Stärke.
Wieso eigentlich nicht?

Diese Affirmationsübungen machen Ihnen bewußt, was in Ihrem Unterbewußtsein vorhanden ist, und sagen Ihnen, wie Sie das gleich für sich nutzen können. Alles, was Sie brauchen, ist die Bereitschaft, sich selbst genau anzusehen, einen Stift und ein Blatt Papier oder eine Schreibmaschine – was für Sie am einfachsten ist.

Wenn Sie eine Affirmation eine Woche lang geschrieben haben oder mit den meisten negativen Einwänden Ihres Gemütes auf diese Weise in Berührung gekommen sind, ist es an der Zeit, die Einwände wegzulassen und nur mit der positiven Bejahung zu arbeiten. An diesem Punkt könnten Sie vielleicht einen Kassettenrekorder einsetzen. Ich habe auch herausgefunden, daß es mindestens genauso wirkungsvoll ist, wenn ich Affirmation tippe. Ich schaffe so zehnmal so viele wie handschriftlich. Gehen Sie so vor, wie es am besten für Sie ist.

Auf diese Weise können Sie das Beste aus den Affirmationen herausholen:

1. Arbeiten Sie jeden Tag mit einer oder mehreren Bejahungen. Die beste Zeit ist vor dem Schlafengehen, bevor Sie den Tag beginnen oder wenn Sie Kummer haben.

2. Schreiben Sie jede Bejahung zehn- oder zwanzigmal.

3. Arbeiten Sie in der Bejahung mit Ihrem Namen. Sagen und schreiben Sie jede Bejahung für sich selbst in der ersten, zweiten und dritten Person wie folgt:

Ich, Sondra, vergebe meiner Mutter, weil sie mich verletzt hat.

Du, Sondra, vergibst deiner Mutter, weil sie dich verletzt hat.

Sie, Sondra, vergibt ihrer Mutter, weil sie sie verletzt hat.

Die Aussagen in der zweiten und dritten Person sind sehr oft von großer Bedeutung, weil in dieser Weise Konditionierungen durch andere Personen erfolgten.

4. Setzen Sie die Affirmationen täglich fort, bis sie ganz in Ihrem Unterbewußtsein integriert sind. Sie werden dies erkennen, wenn Ihr Gemüt positiv reagiert und wenn die beabsichtigten Folgen in Reichweite kommen. Sie werden dann die Erfahrung machen, daß Sie Ihre Ziele in der Hand haben und Sie werden Ihr Denken positiv nutzen.

5. Sprechen Sie Ihre Bejahungen auf Kassette und hören Sie sie immer wieder ab. Ich spiele sie häufig, wenn ich mit dem Auto auf der Autobahn fahre oder wenn ich mich schlafen lege. Schlafe ich mit Kopfhörern ein, wirkt die Suggestion auch im Schlaf weiter. (Sicher merken Sie schon, daß ich Affirmationen in allen Bereichen meines Lebens einsetze, für Probleme am Arbeitsplatz, Probleme mit der Gesundheit, und überhaupt Schwierigkeiten jeder Art. Auch Sie können das tun.

6. Es hilft, wenn Sie sich vor den Spiegel stellen und die Affirmationen laut und deutlich sagen. Fahren Sie mit den Bejahungen fort, bis Sie sich selbst mit einem entspannten, glücklichen Ausdruck im

Spiegel sehen. Sagen Sie sie immer wieder, bis alle Spannungen und Grimassen im Gesicht verschwunden sind.

7. Eine weitere Methode besteht darin, sich einem Partner gegenüber zu setzen, beide in aufrechter Haltung auf einem bequemen Stuhl, Hände auf den Oberschenkeln, wobei die Knie sich kaum berühren. Sagen Sie Ihrem Partner Ihre Bejahung so lange, bis Sie sich dabei sicher fühlen. Ihr Partner kann Ihre Körpersprache sorgfältig beobachten, wenn Sie hin und her rutschen, zappeln, herumfummeln oder ungenau sind, gilt es nicht. Ihr Partner sollte Sie nicht mit einer anderen Affirmation weitermachen lassen, bevor Sie nicht die eine Aussage klar und deutlich ohne gegenteilige Körperreaktionen und Störungen aussprechen können. Ist Ihr Partner mit der Affirmation einverstanden, dann machen Sie mit der nächsten weiter. Er kann Ihre Aussage auch wiederholen, indem er in der zweiten Person spricht und Ihren Namen nennt. Dann soll er die Bejahung so lange wiederholen, bis Sie sie ohne Verlegenheit akzeptieren können. Dies ist schwieriger, als es sich anhört.

Eine weitere Alternative ist natürlich immer, sich diese Affirmationen selbst zu sagen. Vielleicht haben Sie nicht immer Lust, sie aufzuschreiben. Die geschriebene Affirmation wirkt jedoch viel stärker, weil dazu mehr Sinne eingesetzt werden.

Wenn Sie nun zu lesen beginnen, kennzeichnen Sie beim Lesen die Bejahungen, die für Sie mit den größten emotionalen Reaktionen »geladen« sind. Versuchen Sie, Freude dabei zu empfinden, die Geheimnisse Ihres Bewußtseins zu ergründen. Wenn Sie an einen Punkt kommen, wo Sie aufgeregt oder schwankend sind oder Angst haben vor etwas Negativem, was Sie über sich selbst herausfinden, geraten Sie nicht in Panik. Schreiben Sie die betreffende Affirmation immer wieder, bis Ihr Denken den neuen Gedanken akzeptiert. Und zugleich wird der negative Gedanke ausgelöscht und Sie fühlen sich leichter und besser. Bedenken Sie: Es ist genauso leicht, positiv zu denken wie negtiv. In Wirklichkeit ist es sogar leichter. Negatives Denken erfordert mehr Anstrengung.

Geben Sie sich nicht mit so wenig in Ihrem Leben zufrieden! Sie verdienen so viel!

Beginnen Sie mit den Bejahungsübungen

1. Ich,_________, wurde mit grenzenlosen Möglichkeiten für liebevolle und erfüllende Beziehungen geboren.

2. Ich,_________, besitze ein grundlegendes Vertrauen, daß meine Affirmationen wirken und meine Bemühungen belohnt werden.

3. Ich,_________, bin bereit, alle meine Barrieren aus Nichtwissen, Angst und Zorn zu überwinden, damit mein vollkommenes Wesen sich in all meinen Beziehungen ausdrücken kann.

4. Liebevolle Beziehungen sind ein Schlüsselelement zu meiner Gesundheit und meinem Wohlbefinden.

5. Jeder negative Gedanke löst automatisch mein schöpferisches Denken aus und bringt drei wünschenswerte positive Gedanken hervor.

Weitere Affirmationen finden Sie in Anhang B, Seite 203.

4. Kapitel

Regelmäßiges Rebirthing

In jedem Rebirthing, das ich erlebte, lernte ich etwas Neues über die Auswirkungen des Geburtstraumas auf die Beziehungen verschiedener Menschen in ihrem späteren Leben. Ich war wirklich erstaunt. Diese Erkenntnisse waren für mich so wertvoll, daß ich sie regelrecht speicherte. Diese Ergebnisse wurden zu einem wesentlichen Bestandteil des Trainings für Liebevolle Beziehungen (LRT).

Einer der dramatischsten Fälle war ein Mann namens John. Er hatte bei der Geburt eine Steißlage. Als er mit dem »Po zuerst« herauskam, blutete seine Mutter sehr stark und kam beinahe ums Leben. Der Gedanke, der sich bei der Geburt festsetzte, war: »Damit ich überlebe, muß ich jemandem weh tun, einer Frau.« Er besaß natürlich keine Erinnerung an diese Entscheidung, doch als er zu mir kam, war er so weit, daß er sich umbringen wollte. Er litt unter einer Art Zwang, Menschen zu verletzen, besonders Frauen und sagte, er sei homosexuell geworden. (Ich bin sicher, Sie erkennen den Zusammenhang: Wenn er »in einer Frau« war, hatte er schreckliche Angst, sie könnte sterben. An seine Geburt konnte er sich nicht erinnern, doch er war bereit, Rebirthing als letzte Möglichkeit zu versuchen, bevor er sich selbst aufgab.

Ich erinnere mich, daß sein Rebirthing-Prozeß sehr lang und sehr tiefgehend war und daß er eine ständige Flut von Bildern und Erinnerungen sah, wie seine Steißlagen-Geburt, das Blut und wie seine Mutter beinahe starb.

Als erst einmal die »Verbindung« hergestellt war und ich die geeigneten Affirmationen für ihn fand, erkannte er, daß es Hoffnung für ihn gab, sein Syndrom loszuwerden, und er entschied sich für das Leben.

Was hat nun Ihre Geburtserfahrung mit Ihren Beziehungen zu tun? Mehr, als Sie sich geträumt haben! Alle folgenden emotionellen Reaktionen hängen eng zusammen mit den Erfahrungen bei der Geburt:

1. Furcht vor fester Bindung
2. Abhängigkeit vom Partner wie im Mutterleib
3. Angst, sich zu vergnügen
4. Trennungsangst
5. Angst davor, sich ganz gehenzulassen
6. Angst davor, geliebt zu werden: Mißtrauen gegen Menschen
7. Sexuelle Probleme
8. Geringes Selbstwertgefühl: Minderwertigkeitsgefühl anderen gegenüber
9. Das Gefühl zu sterben, wenn ein Partner uns verläßt
10. Unterdrückte Wut und Zorn – und viele mehr!

Unsere Untersuchungen haben gezeigt, daß die Wurzeln der meisten Probleme direkt in den Mutterleib und die ersten fünf Minuten des Lebens zurückreichen. Vor der Entdeckung des Rebirthing war es sehr schwierig, bis zu den persönlichen Gesetzen vorzudringen, die bei der Geburt aufgestellt wurden und die unser Leben regieren. Ich sage gerne, daß dies wahrscheinlich die erste Generation von Menschen ist, deren Beziehungen wirklich funktionieren, weil sie mit dem Geburts-Todes-Zyklus arbeiten.

Rebirthing heilt nicht nur auf Dauer die Ängste, die Beziehungen zerstören, sondern heilt den Menschen in jeder nur möglichen Weise. Wenn Sie negatives Gedankengut ausatmen, das Sie seit der Geburt mit sich herumtragen, fühlen Sie sich glücklicher, schöner und liebenswerter. So beginnen Sie, wie von selbst großartige Menschen in Ihr Leben zu ziehen, mit denen eine liebevolle, anregende Beziehung leicht ist.

Einige Beispiele von Entscheidungen, die ich bei der Geburt traf, und die stets meine Beziehungen zu Männern beeinflußt haben, waren:

1. Das mag ich nicht. Es tut weh. Das Leben tut weh.
2. Ich kann Männern nicht trauen, wenn sie mir so etwas antun.
3. Ich kann mich auf Männer nicht verlassen, wenn ich sie brauche.

4. Das ist zuviel. Ich hasse dich. Laß mich ja in Ruhe.

Bei solchen Gedanken ist es ein Wunder, daß ich überhaupt einem Mann erlaubte, mir nahezukommen. In Wahrheit werden zu Beginn einer Beziehung solche Gedanken nur unterdrückt. Doch sobald die Liebe in Bewegung gerät, drängen diese Gedanken an die Oberfläche. (Dies deshalb, weil Liebe alles nach oben bringt, was ihrem Wesen fremd ist.) Solche unterbewußten Gedanken erhoben sich dann und brachten Ergebnisse hervor, obgleich ich sie längst nicht mehr bewußt dachte. Wurden die Gedanken deutlicher, dann zerbrach die Beziehung. (Das geschieht meistens dann, wenn bei beiden Partnern die Muster zur gleichen Zeit hochkommen.)

Da ich Gedanken von der Geburt wie: »Männer sind nichts für mich« und »Laß mich bloß in Ruhe« in mir begraben hatte, war ein Mann an meiner Seite nicht mit meiner Programmierung vereinbar. Daher mußte ich es so weit bringen, daß er mich verließ, damit mein Muster stimmte. Das ist ungefähr so, als würde man eine Tabletten- oder Alkoholsucht unterstützen. Diese Männer, selbst wenn sie mich sehr, sehr liebten, rannten gegen meine Programmierung an und fanden sich dann gezwungen, mir zu geben, was ich erwartete, nämlich, NICHT bei mir zu bleiben. Ja, wenn sie versuchten zu bleiben, brachte ich sie soweit, mich zu verlassen.

Vor meiner Erleuchtung wußte ich ja nicht, daß ich diese tief begrabenen Gedanken hatte. Da ich auch noch an Schuld glaubte, war es so gut wie unmöglich, diese Gedanken als meine eigenen zu erkennen, und so endeten meine Beziehungen immer auf die gleiche Weise. Um diese Gedanken aus mir herauszuholen, waren die Energie des Trainings für Liebevolle Beziehungen (LRT), die Energie von Rebirthing, die Energie Gottes und Affirmationen erforderlich.

Ein persönliches Gesetz ist Ihr negativster Gedanke über sich selbst, den Sie meist schon bei der Geburt formuliert haben. Erkennen Sie jetzt, wie wichtig es ist, sich Ihrer eigenen persönlichen Gesetze bewußt zu werden, wenn Sie gute Beziehungen haben wollen? Sie können dies nachvollziehen, wenn Sie die Informatinen über Rebirthing im Anhang sehr genau studieren.

5. Kapitel

Lieben Sie sich selbst

Ich kannte einmal eine sehr hübsche Frau, die, so schien es, alles hatte. Doch sie brachte immer wieder Unordnung in ihr Leben, und einmal verlor sie alles, sogar fast all ihr Geld. Sie war ein Zwillingskind und wurde als erste und gesund geboren. Die nach ihr geborene Schwester war stets krank und wenig erfolgreich im Leben gewesen. Meine Klientin haßte sich selbst, weil sie glaubte, das Leben ihrer Schwester zerstört zu haben, da sie selbst zuerst geboren wurde. So dachte sie von sich: »Ich bin ein schlechter Mensch.« Obwohl sie also umwerfend schön war, blieben die Männer ihr fern, weil sie sich selbst nicht leiden konnte; und sie behandelte sich selbst nicht gut, weil sie meinte, sich selbst strafen zu müssen. (Die Menschen behandeln Sie so, wie Sie sich selbst behandeln.)

Eine andere Frau haßte sich selbst, weil sie nicht das Baby sein konnte, das starb, bevor sie geboren wurde. Sie hatte das Gefühl, ihre Eltern hätten viel lieber das erste Baby gehabt und daß sie nur geboren wurde, um »den Verlust auszugleichen«. Sie hatte das Gefühl, sie könne niemals diejenige sein, die ihre Eltern sich wünschten, und haßte sich dafür. Daß sie ebenfalls eine wunderschöne Frau war, tat nichts zur Sache, weil sie stets Männer anzog, die sie in irgendeiner Weise fertigmachten. Sie fühlte sich schuldig, nicht die zu sein, die ihre Eltern sich wünschten, und tat alles, um sich selbst zu bestrafen.

Ich habe viele Klienten gehabt, die sich selbst haßten, weil sie nicht das von ihren Eltern gewünschte Geschlecht hatten. Die Liste der Gründe könnte ich endlos fortführen. Die Menschen hassen sich selbst aus tausend verschiedenen Gründen. Menschen, die sich selbst hassen, werden sehr häufig dick, und dann hassen sie sich selbst noch mehr.

Oder sie beschwören irgendeine andere Möglichkeit herauf, zu beweisen, wie schlecht sie sind.

Diesen Menschen fällt es sehr schwer, ihren Selbsthaß aufzugeben, es sei denn, sie werden sich der starken negativen Gedanken bewußt, die sie bei der Geburt oder bereits im Mutterleib gebildet haben.

Selbsthaß macht häßlich. Alle Menschen, die ihren Selbsthaß aufgaben und allem und jedem verziehen, wurden vor meinen Augen zusehends schöner und schöner.

Hier folgt ein metaphysisches Gesetz:

DIE MENSCHEN BEHANDELN SIE SO
WIE SIE SICH SELBST BEHANDELN

Jesus sagt: »Liebe Deinen Nächsten wie *dich selbst*.«

Eine Definition der Liebe ist endgültige Selbst-Annahme. Lieben Sie sich selbst, so geben Sie anderen automatisch die Möglichkeit, Sie zu lieben. Hassen Sie sich, dann lassen Sie auch nicht zu, daß andere Sie lieben. Ist Ihre Selbstachtung gering und Sie werden von jemandem geliebt und akzeptiert, dann werden Sie ihn entweder zurückweisen, zu verändern versuchen oder glauben, daß er lügt.

Geben Sie der Welt die Schuld, daß die Liebe fehlt, dann schaffen Sie noch mehr negatives Gedankengut, das für Sie alles noch verschlimmert.

Eine hervorragende Erklärung der Liebe ist folgende: »Liebe ist eine ewig beständige Substanz, die meistens durch die Abwesenheit negativer Gedanken bemerkt wird« (Kyle Os). Einige der Teilnehmer am Training empfinden zum ersten Mal wirkliche Liebe, weil sie die Negativität ablegten, die sie daran hinderte, die Liebe überhaupt wahrzunehmen. Ein Teil dieser Negativität ist verschüttet, und Sie wissen vielleicht nicht einmal, daß Sie sie in sich tragen. Sehr häufig ist die Energie einer großen Gruppe erforderlich, um sie aus Ihnen herauszubringen.

Manchmal sagen mir Menschen: »Mein Leben funktioniert nicht, weil ich nicht den richtigen Partner habe.« Diese Philosophie hilft Ihnen nicht weiter. Sie müssen der richtige Partner *werden*, anstatt nach dem richtigen Partner zu suchen. Um das Beste vom Besten anzuziehen, müssen Sie das Beste vom Besten werden. Um zu dem Menschen zu werden, den Sie sich als Partner wünschen, haben wir im Training einige Verfahren entwickelt, die Ihnen helfen, Ihr Selbstwertgefühl zu steigern.

Hier folgen einige Möglichkeiten, Ihre Selbstliebe zu stärken.

1. Bestätigen und loben Sie sich selbst laut.
2. Anerkennen Sie all Ihre Taten, lernen Sie daraus.
3. Vertrauen Sie in Ihre Fähigkeiten.
4. Gönnen Sie sich Vergnügen ohne Reue.
5. Lieben Sie Ihren Körper und bewundern Sie Ihre Schönheit.
6. Gönnen Sie sich, was Sie sich wünschen; empfinden Sie, daß Sie es verdient haben.
7. Lassen Sie sich selbst gewinnen – im Leben und in Ihren Beziehungen.
8. Lassen Sie sich von anderen lieben.
9. Folgen Sie Ihrer Intuition.
10. Erkennen Sie ihre eigene Vollkommenheit.
11. Erlauben Sie sich, reich zu sein, lassen Sie die Armut hinter sich.
12. Belohnen Sie sich; bestrafen Sie sich niemals.
13. Trauen Sie sich selbst.
14. Tun Sie sich Gutes.
15. Gestatten Sie sich Freude an Sex und Zuneigung.
16. Wandeln Sie alle negativen Gedanken über sich selbst um in Bejahungen.

PS: Ein hohes Selbstwertgefühl ist nicht egoistisch; »Egoismus ist der Versuch zu beweisen, daß man in Ordnung ist, nachdem man im Begriff war, sich zu hassen.« (Marshall Summers)

6. Kapitel

Lieben Sie Ihren Körper und klären Sie unbewußte Todessehnsucht

Im Rebirthing haben ich oft erfahren, daß Menschen schon bei ihrer Geburt den Körper zu hassen beginnen. Ich hatte Klienten, die während der Geburt und aufgrund des Traumas zu dem Schluß kamen: »Mein Körper verursacht mir Schmerzen.« Weil sie nun diesen Gedanken hatten, schufen sie sich einen Körper, der ihnen die meiste Zeit ihres Lebens Schmerzen bereitete. Schließlich wurde es unerträglich, und sie wollten nur noch sterben, um alles los zu sein. Da ein großer Teil der Schmerzen des Geburtstraumas im Körper verbleibt und in einigen Fällen ständig empfunden wird, ist es kein Wunder, daß unsere Ahnen ihre Körper verließen. Es war für sie zu qualvoll, im Körper zu verbleiben, nachdem sich jahrelang negatives Gedankengut angesammelt hatte.

Es ist tatsächlich schwierig, den Körper zu lieben, wenn er Schmerzen bereitet. Und genau dies ist natürlich der Zeitpunkt, an dem wir ihn am meisten lieben sollten, weil er uns etwas zeigen will.

Nachdem mein Vater starb, hatte ich Schmerzen, die im Körper umherwanderten. Zehn Jahre lang hatte ich mit diesen Schmerzen zu tun, und ich versuchte, sie mit Hilfe von Psychiatern, Schulmedizinern, Körpertherapien, Hypnose und dazwischen ein paar »Medizinmännern« zu heilen. Aber es half nichts. Je mehr Schmerzen ich hatte, um so mehr haßte ich sie; je mehr ich meinen Körper haßte, um so weniger wollte ich leben. Ich geriet so in einen Teufelskreis. Erst als ich auf Rebirthing kam und meine Schmerzen und meine Todessehnsucht für immer ausatmete, wurde ich sie los. Nach drei Rebirthing-Sitzungen waren die Schmerzen völlig verschwunden.

Jetzt lebe ich wirklich in einem Körper ohne Spannungen und

Schmerzen, er ist für mich ein angenehmer Aufenthaltsort und ich möchte leben, weil ich mich so wohl fühle. Übrigens, schon alleine neben jemandem zu schlafen, der sein ganzes Geburtstrauma und seine Todessehnsucht losgeworden ist, ist eine total neue und wundervolle Erfahrung. Die Zellen des Körpers besitzen wirklich eine neue Schwingung (sie »singen«), wenn erst einmal das ganze negative Gedankengut ausgeräumt ist.

Wenn Sie Ihren Körper nicht lieben, lieben Sie auch sich selbst nicht. Und lieben Sie sich selbst nicht, wie können Sie erwarten, daß ein anderer Sie oder Ihren Körper liebt?

Wie können Sie Ihren Körper lieben, wenn Sie glauben, er sei unattraktiv und nicht so, wie Sie ihn sich wünschen? Sie müssen erkennen, daß Ihr Körper Ihnen nur unschön erscheint, weil Sie häßliche Gedanken über ihn haben. Sie können Ihren Körper verändern, indem Sie Ihre Gedanken verändern.

Erkennen Sie zunächst an, daß Ihr Körper Ihre Anweisungen befolgt. Er hat verdient, daß Sie ihn mögen, weil er tut, was sie sagen. Denken Sie daran, Sie haben diesen Körper für dieses Leben gewählt, sie können also auch nicht Ihre Eltern dafür verantwortlich machen. Ihr Körper ist Ihr vollkommener Spiegel Ihrer selbst. Sie können Ihren Körper aufräumen, wenn Sie in Ihren Gedanken aufräumen. Es ist nie zu spät. Wenn wir im Training mit dem Denken der Menschen arbeiten, sehen wir, wie vor unseren Augen die Menschen wunderschön werden. So wie Ihre Gedanken über sich und das Leben wunderbar werden, so werden Sie selbst wunderschön.

Wie oft waren Sie wegen körperlicher Schmerzen oder einer Krankheit mürrisch und unerträglich? Wie oft haben Ihre körperlichen Beschwerden Ihre Partnerschaften beeinflußt? Oder umgekehrt, wie häufig waren Beschwerden das Ergebnis einer Partnerschaft, mit der Sie nicht richtig umgingen?

Eine sehr wirkungsvolle Möglichkeit, sich gute Gesundheit und einen wunderschönen Körper zu erschaffen, besteht darin, alle verschütteten negativen Einstellungen, die Sie über Ihren Körper haben, herauszufinden und sie in Bejahungen umzuwandeln.

Eine unglaublich erfolgreiche Art, mit dem Körper in Beziehung zu treten, ist Rolfing. Rolfing ist ein Vorgang, der beschrieben werden könnte als tiefgreifende Körperarbeit in Kombination mit sehr hohem Bewußtsein. Für mich sind Rolfer erleuchtete Bildhauer des Körpers, die verstanden haben, daß der Körper ein hoch formbares Instrument ist, das modelliert werden kann. Parallel zum Rebirthing hilft Rolfing, einen Körper beweglicher, weicher, ausgeglichen mit der Schwerkraft und viel schöner und anziehender zu machen.

Es gibt einfach keinen Grund mehr, weiter häßlich zu bleiben. Sie können nicht mehr Ihr Aussehen für Ihre Sorgen verantwortlich machen oder dafür, daß Sie keine Liebhaber haben. Nun, da wir von innen heraus unser Aussehen und unsere Formen verändern können, gibt es keine Entschuldigungen mehr, warum wir keine großartigen Partnerschaften haben sollten. Wir müssen uns selbst fragen, ob wir Entschuldigungen oder Erfolge wollen. Und wir müssen uns abgewöhnen, zu jammern und uns selbst zu bemitleiden. Wir können uns selbst helfen.

Muß ich noch erwähnen, wie stark die Liebe zu Ihrem eigenen Körper Ihr Sexualleben beeinflußt? Sie werden Ihrem Körper doch bestimmt Vergnügen gönnen, wenn Sie ihn ganz und gar lieben. *Beim Sex ist es so, Sie werden nur soviel empfangen können, wie Sie bereit sind, sich selbst hinzugeben.* Daher hängt Ihr Sexualleben von Ihnen ab...!

7. Kapitel

Klären Sie Ärger und unterdrückte Negativität

Ich hatte viele Klienten, die in ständigen Auseinandersetzungen innerhalb ihrer Familie aufwuchsen. Trotz allen Streites liebten sich die Familienmitglieder, hatten aber keine Ahnung, wie sie diese Liebe ausdrücken konnten, sie wußten nur, wie sie Ärger zeigen konnten. Kinder aus solchen Familien wuchsen im Glauben auf, daß Liebe gleich Ärger war. Mit anderen Worten, sie hatten nicht das Gefühl, geliebt zu werden, wenn man sie nicht anschrie. Sie waren so programmiert, daß Zorn für sie gleichbedeutend mit Liebe war. In ihren Beziehungen führten sie Situationen herbei, in denen sie ihre Partner so wütend machten, daß sie von ihnen angeschrien wurden. Sie mochten es, wenn sie angeschrien wurden; und doch ließ sich so kein Problem lösen. Meine Arbeit mit diesen Menschen, Rebirthing und das LRT (Training für Liebevolle Beziehungen) half diesen Menschen, Ärger und Liebe umzuprogrammieren.

Das andere Extrem waren die vielen Klienten beim Rebirthing, die dachten, Zorn sei absolut tabu. In ihren Familien waren Streit und Wut direkt verboten gewesen. Diese Menschen waren gewöhnt, den Ärger in der Familie zu unterdrücken, und brachten ihn nie zum Ausdruck. Sie wuchsen auf, ohne je selbst Ärger zu zeigen, und so schufen sie Situationen, in denen die anderen um sie wütend wurden (wobei diese die psychische Spannung abbauen mußten) oder sie endeten in einem Zustand, der als »versteckte Feindseligkeit« bezeichnet wird – sie wußten nicht einmal, wann sie überhaupt zornig oder wütend waren. Ich neigte selbst mehr zu diesem Extrem, und es dauerte sehr lange, bis ich herausfand, daß nicht nur alle Emotionen akzeptiert werden müssen, sondern auch zum Ausdruck gebracht werden sollen. Doch das Wichtigste war, zu lernen, daß es sichere und angemessene Wege gibt, mit Wut umzugehen, die einer Beziehung nicht schaden.

Es ist wichtig zu erkennen:

LIEBE BRINGT ALLES AN DIE OBERFLÄCHE,
WAS IHREM WESEN NICHT ENTSPRICHT

Erhalten wir viel Liebe von einem Menschen, dann kommen alle Dinge, die dieser Liebe nicht entsprechen, in Form von Wut, Traurigkeit, Furcht, Schmerzen, Verärgerungen und anderen unterdrückten negativen Emotionen heraus. Unsere Partner heilen uns, indem sie diese Negativität aus uns herausholen.

LIEBE HEILT IMMER – WENN WIR ES ZULASSEN

Meist ist es erschreckend, eine wundervolle neue Liebe zu erleben und plötzlich häßliche negative Gefühle an die Oberfläche steigen zu sehen. Wenn Sie jedoch verstehen, daß Liebe alles an die Oberfläche bringt, was nicht ihrem Wesen entspricht, dann sehen Sie darin eine Gelegenheit zur Heilung.

Zunächst kommt vielleicht unterdrückter Zorn hoch. In »est« und im »Course of Miracles« lernen wir: »Wir sind niemals aus dem Grund, den wir annehmen, verärgert, verletzt oder aufgeregt.« Beschuldigen Sie daher nicht Ihren Partner und ärgern sich über ihn. Er rührte wahrscheinlich nur an eine Erinnerung, an eine ähnliche Situation, für die Sie jemandem noch nicht verziehen haben.

Ich sage damit nicht, Sie sollten Ihren Ärger nicht zum Ausdruck bringen, doch projizieren Sie ihn nicht auf einen anderen Menschen. Ärger ist stets eine Gelegenheit, sich selbst besser kennenzulernen. Hier folgen einige Vorschläge, wie Sie in angemessener Weise mit Ärger umgehen können:

1. Fahren Sie ein Stück mit dem Auto und schreien Sie, oder stellen Sie sich unter die Dusche und schreien dort. Schreien Sie sich nette Dinge zu, nachdem Sie Ihre erste Wut losgelassen haben.

2. Machen Sie Rebirthing und atmen Sie den Zorn aus. (Liebe einatmen und Wut ausatmen).

3. Lassen Sie sich Rolfen, um tiefsitzenden Ärger im Körper freizusetzen. Atmen Sie während des Rolfens sehr tief.

4. Schreiben Sie Ihre wütenden Gefühle in einem Brief auf, den Sie später zerreißen können.

5. Beschaffen Sie sich Stöcke, die gepolstert sind und schlagen Sie auf einen Stuhl oder boxen Sie mit einem Partner. (Die Schlagstöcke sind so geformt, daß damit kein Schaden angerichtet werden kann.) Atmen Sie tief durch.

6. Arbeiten Sie mit dem Vergebungsvorgang.

7. Legen Sie sich mit gestreckten Beinen und durchgedrückten Knien aufs Bett. Halten Sie die Knie steif zusammen und schlagen die Fersen auf das Bett. Tief atmen!

8. Bejahen Sie, daß Sie bereit sind, allen Menschen zu vergeben in der Vergangenheit wie in der Gegenwart. Bitten Sie um Hilfe; sagen Sie Gott, daß Sie bereit sind, vollkommen zu vergeben.

9. Erkennen Sie, daß, wenn der andere wütend ist, er uns um Hilfe und Heilung anruft. Halten Sie sich vor einem Schlagabtausch der Energien zurück! Atmen Sie ruhig weiter und wenn der Partner fertig ist, fragen Sie ihn: »Wie kann ich dir helfen?«

Mein Freund Phil Laut und ich korrespondierten im letzten Jahr über das Thema Zorn und Wut. Wir wollten mehr darüber wissen und bessere Möglichkeiten finden, mit unseren Trainingsteilnehmern und den Teilnehmern beim Rebirthing damit umzugehen. Hier ein Auszug aus einem seiner Briefe:

> Aus Wut folgt normalerweise der Wunsch nach Manipulation oder ein Gefühl der Ablehnung. Weil er nicht bekommt, was er will, versucht ein zorniger Mensch, andere zu manipulieren, um sein Ziel zu erreichen. Nicht erst nach dem zu fragen, was man will, ist ein subtiles Mittel, andere zu manipulieren. (Frage ich nach Milch, wenn ich in Wirklichkeit einen Scotch haben will, dann kann ich Sie ins »Unrecht setzen«, wenn Sie mir Milch bringen. Sind Sie jedoch klug genug, meine Gedanken zu lesen, und bringen mir den Scotch, dann kann ich Sie ins Unrecht setzen, weil Sie mir nicht das Gewünschte gebracht haben.)
>
> Es gibt verschiedene Möglichkeiten von Ärger abzulassen, eine davon ist zu erkennen, daß dem Körper nichts passieren kann, eine andere, sich selbst offen einzugestehen, daß man Liebe braucht. Es ist absolut nichts falsch daran, Liebe zu brauchen, außer Sie gestehen sich selbst die Wahrheit nicht ein, dann macht Sie das ewig wütend.

In einem anderen Brief schrieb mein Freund Bill Chappelle über Beschuldigungen:

> Das Problem besteht darin, daß manche Menschen Selbstgenügsamkeit mit Auflehnung oder Ablehnung eines anderen verwechseln. Dazu kommt es, wenn man zunächst andere als Ursache im eigenen Leben betrachtet, ihnen dann Macht einräumt, sie dann aber beschuldigt, wenn die Dinge nicht so laufen, wie man es sich vorgestellt hat. Liebt also ein Mensch sich selbst und tut genau das, was er tun möchte, dann neigt man dazu, ihn dafür zu beschuldigen, eben weil man selbst nicht tut, was man tun möchte. Dann folgt häufig ein Gefühl der Wut oder Hilflosigkeit, wieder gefolgt von einer Entscheidung, Schluß zu machen, auszusteigen, neu zu beginnen oder einen anderen Menschen zu finden, von dem man sich abhängig machen kann und den man dafür verantwortlich machen kann, was letzten Endes nur eigene Unsicherheit ist.

In den Anmerkungen zum »Course of Miracles« von Kenneth Wapnich (ein Büchlein, das von der Foundation of Inner Peace herausgegeben wurde), heißt es:

> Haß und Wut sind lediglich Versuche, eigene Schuld auf andere Menschen zu projizieren. Wut – nach Aussage des »Course of Miracles« – ist immer eine solche Projektion, wie gerechtfertigt sie auch scheinen mag. Die äußere Situation ist niemals eine ausreichende Erklärung für unsere feindseligen Reaktionen. Nur das Ego schätzt die Wut, den Zorn. Je mehr wir angreifen, desto schuldiger fühlen wir uns und um so mehr müssen wir wieder projizieren und angreifen.

Denken wir stets daran:

WER BESCHULDIGT, IST IMMER AUF DEM HOLZWEG

Wann immer Sie glauben, Ihren Partner oder andere beschuldigen zu müssen, STOP! Halten Sie inne und überprüfen Sie, was der Anlaß, aus dem Sie den anderen beschuldigen wollen, über Sie selbst aussagt und wie Sie diesen Anlaß verursacht haben.

Sie lernen sehr viel über sich selbst und Sie retten Ihre Beziehung immer dann, wenn Sie zugeben, daß Sie Ihren Teil zu der augenblicklichen Situation beigetragen haben.

8. Kapitel

Sagen Sie gleich offen die Wahrheit

Weil Kinder sehr medial sind und häufig die Gedanken der Menschen lesen können und manchmal sogar deren Aura sehen, platzen sie manchmal mit Bemerkungen heraus, die ihren Eltern nicht nur seltsam vorkommen, sondern manchmal auf die Nerven (und auf die Ohren) gehen, wie zum Beispiel: »Mutti, ich habe ganz viel Lila um Onkel Harrys Kopf gesehen!« oder »Onkel Bill haßt die Tante Sarah, und er wünscht, sie würde sterben«. In so einem Augenblick wird manche Mutter doch tatsächlich ihr Kind bestrafen, weil es so unsinnige Dinge sagt, woraus ein Kind den Schluß ziehen könnte, daß es bestraft wird, wenn es die Wahrheit sagt. Dann wird es vielleicht in Zukunft entweder lügen, um seine Haut zu retten, oder es vermeidet, darüber zu sprechen, was es sieht und fühlt. Wahrscheinlich »verliert« dieses Kind die Fähigkeit, die Aura und die Wahrheit zu sehen, oder es unterdrückt sie.

Ich habe festgestellt, daß es sehr schwierig ist, eine gute Beziehung aufrechtzuerhalten, wenn die Wahrheit unterdrückt wird, und auch, daß es sehr schwierig ist, eine Beziehung wieder in Ordnung zu bringen, wenn die Menschen Angst davor haben, die Wahrheit zu sagen.

Wir müssen damit beginnen, indem wir Affirmationen wie die folgenden einsetzen:

Es ist jetzt sicher für mich, die Wahrheit zu sagen.
Ich kann meine wahren Gefühle sicher zum Ausdruck bringen.
Die Menschen lieben es, wenn ich die Wahrheit sage.
Die Wahrheit zu sagen, hilft immer.

Erst heute hat mir ein Teilnehmer des Trainings in einem Ferngespräch mitgeteilt, wie glücklich er ist; seine Beziehung funktioniere endlich, da er die Dinge aus dem Training geübt habe, besonders, seitdem sich beide eingestehen, wie sie sich in Wahrheit fühlen. »Es ist so einfach«, fügte er hinzu.

Eines Tages sagte mein Mit-Trainer Bobby Birdsall zu mir: »Laß uns ein Abkommen treffen, daß wir jede Stunde noch mehr Spaß haben und uns noch schneller die völlige Wahrheit sagen.«

»Großartig«, antwortete ich. »Mir gefällt das so gut, daß ich es gern zum Motto unseres Trainings für Liebevolle Beziehungen erklären möchte.«

Werner Erhard von »est« sagte einmal: »Worüber du nicht sprechen kannst, das beherrscht dich.« Ich stimme dem zu. Die Menschen sind telepathisch, ob es Ihnen paßt oder nicht. Versuchen Sie also keinesfalls, irgend jemanden auch nur einen Augenblick lang narren zu wollen. Der Körper lügt niemals. Stewart Emery von »Actualizations« sagt, daß Kommunikation zu 40 % verbal und 60 % ohne Worte stattfindet. Damit ist gemeint, daß jemand leicht zu durchschauen ist, wenn er etwas zu unterdrücken versucht. Außerdem ist es eine Qual und schadet dem Körper.

Menschen fürchten sich davor, anderen die Wahrheit zu sagen, weil sie fürchten, die andere Person oder sich selbst zu verletzen. Nun, es wird Sie beide viel mehr verletzen, wenn Sie nicht darüber sprechen, was Sie empfinden. Erstens quält es Ihren Körper, wenn Sie Mitteilungen zurückhalten, zweitens wird der andere verwirrt, und drittens wird die Beziehung unerquicklich. Außerdem kommt die Wahrheit schließlich doch heraus, aber dann sind Mißtrauen und Wut oder Zorn vielleicht so angewachsen, daß die ganze Beziehung in die Brüche geht.

Beginnen Sie mit folgendem Gedanken:

Es ist sicher für mich, die Wahrheit zu sagen. Je häufiger ich ehrlich über meine Empfindungen spreche, um so besser fühle ich mich und um so besser fühlen sich auch die anderen.

Lügen Sie in irgendeiner Sache, dann müssen Sie möglicherweise wieder lügen, um die erste Lüge zu decken. Irgendwann stehen Sie dann vor einem gewaltigen Durcheinander, und Ihre Beziehungen können einfach nicht funktionieren.

DIE WAHRHEIT FUNKTIONIERT – DIE WAHRHEIT HEILT

Sagen Sie die Wahrheit, so schnell Sie können. Sprechen Sie das aus, was für Sie in diesem Augenblick die Wahrheit ist. Sie werden sich gut fühlen, wenn Sie es tun. Sagen Sie, wie Sie sich fühlen!

9. Kapitel

Klären Sie die zehn Muster

Ein Mann namens Herb erzählte mir einmal, daß er nach seiner Scheidung mit vielen Frauen gegangen war, und ihm wurde klar, daß alle seiner Exfrau sehr ähnlich waren. Er sagte, sie seien alle wie aus derselben Form gegossen. Sie alle hatten einen zerstörerischen Einfluß auf sein Leben, und doch konnte er nicht aufhören, diesen Typ Frau anzuziehen. Seiner Meinung nach hätte er auch von Alkohol und Drogen abhängig sein können, da für ihn diese Abhängigkeit wie ein Zwang war. Doch war er klug genug, keine dieser Frauen zu heiraten. Wahrscheinlich wäre er auch immer wieder geschieden worden.

Nachdem er von den zehn Mustern im Training Liebevolle Beziehungen hörte, war er überrascht, wie leicht das alles war. Jede Frau war wie sein Stiefvater, den er haßte. Und als er seinem Stiefvater verziehen hatte, zog er auch diese Art von Frauen nicht mehr an.

Eine Frau sprang an dieser Stelle des Trainings auf und rief: »Mein Gott, ich habe mein Kindermädchen geheiratet.« Sie wurde von einem gehässigen Kindermädchen aufgezogen und alle Männer, die sie heiratete, waren genau wie sie. Jetzt war sie bei ihrem dritten Ehemann.

Haben Sie sich erst einmal aus diesen »Mustern« befreit, dann verändert sich Ihr Leben ganz und gar. Doch bis dies geschieht, durchlaufen Sie mit ihren Partnern eine endlose Reihe elterlicher Ersatzfiguren.

Haben Sie schon festgestellt, daß Sie das gleiche alte Verhalten in einer neuen Beziehung wieder an den Tag legen, obwohl Sie hofften, alles würde mit einem neuen Partner anders sein? Wenn ja, sind Sie wahrscheinlich in einem »Muster« festgefahren.

Ein Muster ist ein sich wiederholendes unbewußtes Verhalten. Es ist kennzeichnend für die Verhaltensneigungen in Beziehungen – zumindest in den alten neurotischen Beziehungen der Vergangenheit. Die Bereinigung solcher Verhaltensmuster ist ein Muß, um gute Beziehungen zu erreichen. Ich nenne Ihnen nun zehn Muster, die, wie ich herausgefunden habe, in Beziehungen immer wieder eine Rolle spielen. Sicher gibt es noch mehr, aber diese scheinen die zehn häufigsten Verhaltensmuster zu sein:

Muster 1 – Seit Ihrer ersten Beziehung zu Ihren Eltern neigen Sie dazu, deren *Persönlichkeiten* in Ihren sonstigen Beziehungen so genau wie möglich wiederzuerschaffen.

Muster 2 – Sie neigen dazu, die *Art der Beziehung*, die Sie zu Ihren Eltern hatten, in Ihren anderen Beziehungen neu entstehen zu lassen.

Muster 3 – Sie neigen dazu, die Beziehung Ihrer Eltern *zueinander* zu kopieren.

Muster 4 – Viele, die von den Eltern häufig getadelt wurden, neigen dazu, Situationen herbeizuführen, in denen uns unsere Partner kritisieren.

Muster 5 – Sie neigen dazu, mit Ihren Eltern quitt zu werden, und nehmen dazu Ihren Partner oder einen anderen Menschen. Läßt Ihr Partner das nicht zu, so versuchen Sie es bei den Kindern.

Muster 6 – Die meisten Menschen möchten unbewußt ihr ganzes Leben lang hilflose Kinder bleiben. Ein Konflikt entsteht dann, wenn jeder das Kind bleiben will und möchte, daß der andere die Rolle eines Elternteils übernimmt.

Muster 7 – Da die meisten Menschen die Kämpfe gewöhnt sind, die sie mit ihren Eltern führten, ist eine ganz und gar erfolgreiche Beziehung, in der alles leicht und glatt läuft, häufig zu ungewohnt und zu bedrohlich, um sie so zu belassen.

Muster 8 – Unterdrückte Inzestgefühle stehen sexueller Zuneigung immer im Weg. Seit der Zeit, als Sie sich Ihre sexuellen Gefühle für Ihre Eltern (oder die Ihrer Eltern für Sie) nicht eingestehen konnten, hemmen sie Ihre Sexualität.

Muster 9 – Selbsthaß ist die Ursache für die Neigung, sich selbst zu strafen. Mittel dazu ist, entweder Ihr Körper oder Ihr Sexualleben, Ihre Karriere, Ihr Partner, Ihre Finanzen, Ihr Auto...

a. Anders gesagt, es besteht die Neigung, sich selbst für etwas zu strafen, indem man eins oder alle diese Verhältnisse ins Chaos stürzt.
b. Schuldgefühle und Selbsthaß können so weit zurückliegen, daß Sie glauben, sich von Gott getrennt zu haben, als Sie einen Körper annahmen; Sie glauben, Sie seien schlecht, weil Sie Ihrer Mutter bei der Geburt Schmerzen bereiteten. Das geht sehr tief.
c. Er kann natürlich auf irgend etwas zurückzuführen sein, wo Sie sich in Ihren eigenen Augen »schlecht verhalten« haben. Kinder beschuldigen sich z. B. häufig selbst wegen der Scheidung oder des Todes ihrer Eltern.
d. Eine weitere Art, sich selbst zu »strafen«, besteht darin, sich zu versagen, was man wirklich verdient hätte, sich das Gute vorzuenthalten. Ein sehr häufiges Mittel ist, den Körper durch Fettleibigkeit, durch Schmerzen oder Krankheit zu bestrafen.
e. All dies sind Folgen des Gedanken: Ich hasse mich selbst. Ich bin ein schlechter Mensch. Und dann ziehen Sie jemanden an, der dies beweist.

Muster 10 – Sie ziehen jemanden an, der in Ihre Muster hineinpaßt. Haben Sie also das Muster »Männer verlassen mich«, dann neigen Sie dazu, einen Mann anzuziehen, der seinerseits das Muster hat, andere zu verlassen.

Sie werden viel zufriedener sein, wenn Sie Ihre Muster ausräumen und, anstatt jemanden anzuziehen, der in Ihr negatives Muster hineinpaßt, einen Menschen anziehen, der mit Ihren höchsten spirituellen Vorstellungen in Einklang ist.

10. Kapitel

Bringen Sie alte Beziehungen in Ordnung

Ich habe Jahre gebraucht, um die Beziehung zu meinem Exmann in Ordnung zu bringen. An dem Tag, als wir uns trennten, waren wir noch verliebt und so schockiert darüber, daß wir uns trennten, daß wir kaum sprechen konnten. Keiner von uns verstand, was da geschah. Jedesmal wenn wir versuchten zusammenzukommen, war alles so emotionell, daß wir nur weinten. Einmal trafen wir uns in Scottsdale, ein Jahr nach unserer Scheidung. Er war gerade in Brasilien gewesen. Ich war Krankenschwester bei der Luftwaffe. Er bestellte Champagner, Rosen und ein fürstliches Essen. Wir schauten uns nur an und begannen beide zu schluchzen. Wir konnten weder reden noch essen.

Ein Jahr später versuchten wir es wieder. Ich war fest entschlossen, dieses Verhältnis zu bereinigen. Wir trafen uns in Atlanta und nahmen uns ein Zimmer in einem Motel. Er sagte zu mir: »Du bist bestimmt wütend auf mich wegen der Art und Weise, wie ich dich behandelt habe. Warum haust du mich nicht einfach ein bißchen dafür?« Wir waren während der ganzen Zeit unserer Ehe niemals handgreiflich geworden, und ich nehme an, er meinte wohl, das wäre fast besser gewesen. Dann legte er sich buchstäblich zu meinen Füßen nieder. Ich war ganz aufgelöst und konnte mich nicht bewegen. In dem Jahr war es auch nicht viel besser.

Mit der festen Absicht, diese Liebe zu heilen, begann ich ernsthaft damit, Beziehungen zu untersuchen. Nach einigen Jahren Rebirthing und nachdem ich die ersten Seminare eingerichtet hatte, wurde mir klar, wie leicht es wäre, unsere Beziehung zu klären. Nach meiner Erleuchtung war es wirklich einfach. Vielleicht kann ich Ihnen einige Jahre der Suche ersparen. Die einfache Antwort in diesem Kapitel hat bei mir funktioniert. Jeder Seminarteilnehmer, der sie anwendete, machte die gleiche Erfahrung. Das einzige, was ich bedaure ist, daß ich so lange gebraucht habe, es herauszufinden.

Es ist sehr wichtig, in Ihre Vergangenheit zurückzugehen und alle alten Beziehungen in Ordnung zu bringen. Jede ungeklärte Beziehung der Vergangenheit nimmt Ihnen mehr oder weniger von Ihrer Lebensenergie. Das Verschwinden alter Wunden setzt diese Energie frei, um im Hier und Jetzt Ihre Kraft und Ihre Lebensfreude zu steigern.

Sie beginnen am besten mit Ihren Eltern, um alte Beziehungen zu klären, denn

ALLES, WAS MIT IHREN ELTERN UNGEKLÄRT IST,
TAUCHT IN IHREN BEZIEHUNGEN WIEDER AUF

Normalerweise ist es genau das, was wir unseren Eltern noch nicht verziehen haben, worüber wir uns beim Partner ärgern. Haben Sie Ihren Eltern ganz und gar verziehen, dann hört entweder Ihr Partner auf, Sie auf diese Weise zu verärgern, oder Sie finden einen anderen Partner, der diese Eigenschaft nicht hat. Es ist gut möglich, daß Ihr Partner unbewußt Ihnen das Verhalten Ihrer Eltern vorspielte, um Sie zu heilen.

LIEBE NIMMT IHR NEGATIVES AUF,
SO DASS SIE ES KLARER ERKENNEN KÖNNEN

Damit ist gemeint, daß Ihr Partner unbewußt versucht, Sie zu heilen, indem er die Rollen und negativen Erfahrungen Ihrer Vergangenheit spielt, damit Sie diesen Aspekt bewußt verarbeiten können. Die meisten von uns wissen nicht, daß dies so ist, deshalb beschuldigen wir unsere Partner, während wir in Wirklichkeit wütend sind über unsere Mutter, unseren Vater oder eine elterliche Ersatzfigur von früher.

Nach und nach müssen wir alle Beziehungen der Vergangenheit, die nicht völlig gelöst sind, in Ordnung bringen. Und woran kann man erkennen, ob die Beziehung bereinigt ist? Denken Sie über Verwandte, Freunde und Geliebte in Ihrem Leben nach. Ist in Ihnen noch ein Rest von Gefühl, das nicht bedingungsloser Liebe entspricht, wenn Sie an sie denken oder ihren Namen nennen, so sind diese Beziehungen noch nicht bereinigt.

11. Kapitel

Räumen Sie täglich auf

Ich erinnere mich an ein Paar (unter vielen anderen) mit dem folgenden Muster: Dave ist auf Janet wegen irgendeiner Sache wütend, spricht aber darüber nicht mit ihr. Er beschließt, ihr besser nichts zu sagen, und tut dann so, als würde er damit fertig. Doch innerlich ist er wütend. Janet hatte genau die gleiche Neigung. Sie sagte Dave nie, was sie wütend machte an ihm. Beide »schlucken alles hinunter«. So baut sich der Druck immer weiter auf, bis die beiden einen furchtbaren Streit bekommen, bei dem sie sich alles von der Seele schreien, was sich in ihnen angesammelt hat. Das ist dann »Schuttabladen« in höchster Vollendung. Immer streiten sie über Dinge, die zwei Monate zurückliegen, manchmal sogar ein Jahr oder länger. Sie befinden sich nie in der Gegenwart, und jeder leugnet stets, daß er vor zwei Monaten diese Dinge gesagt oder getan hat. Dann geraten sie in einen Streit um den Streit. Es ist ein Chaos.

Nach dem Training begannen sie buchstäblich von vorne. Sie gaben mir gegenüber beide zu, vor dem Training dem Selbstmord nahe gewesen zu sein, weil es so aussah, als würden sie aus diesem Kreislauf nicht herausfinden. Danach trafen sie das einfache Abkommen, sofort ihre Beziehung zu bereinigen oder aber doch wenigstens jeden Abend. Beide haben sich an diese Vereinbarung gehalten – und es klappte. Außerdem fanden Sie heraus, daß sie eigentlich nicht deswegen, weswegen sie dachten, auf den anderen böse waren, und daß es überhaupt nicht viel Anlaß zum Streiten gab. Aber wenn einmal eine Sache aufkam, sprachen sie am gleichen Tag darüber und begannen jeden neuen Tag so, als wären sie eben eine »neue« Beziehung eingegangen.

Es ist eine gute Regelung, eine dahingehende Vereinbarung zu treffen, wenigstens jeden Abend die Beziehung zu bereinigen. Noch besser ist es, die Dinge sofort zu besprechen, aber dafür bietet sich nicht immer die Gelegenheit. Doch wenn Sie sich eine leichte, frohe Beziehung wünschen, dann warten Sie nicht noch einen Tag, um sich mit dem anderen auszusprechen.

Jeden Abend können Sie ganz einfach Ihren Liebhaber, Ihre Geliebte oder Ihren Ehepartner fragen: »Gibt es noch etwas, was du mir sagen solltest, bevor wir einschlafen?« Tun Sie das, dann baut sich nichts auf und jeder neue Tag beginnt gut. Mit der Zeit wird sich dieses Verfahren so in Ihr Leben einfügen und eine so großartige Angewohnheit werden, daß Sie die Frage nicht mehr zu stellen brauchen oder einander erinnern müssen.

Nachdem Sie Rebirthing und Rolfen durchlaufen haben, dürsten Sie danach, solche Dinge am selben Tag mitzuteilen. Wenn Sie damit warten, fühlen Sie sich in Ihrer Haut nicht wohl, weil Sie für alle Schwingungen besonders sensibel sind.

Das Ausmaß der Liebe zwischen Ihnen beiden wird häufig beeinflußt durch die Quantität und Qualität Ihrer gegenseitigen Kommunikation. Haben Sie die am Tage zurückgehaltenen Mitteilungen ausgetauscht, dann beenden Sie diesen Prozeß, indem Sie sich selbst und Ihrem Partner zu diesem Erfolg gratulieren. Sie können nun zufrieden einschlafen oder sich lieben, ohne daß »psychologischer Müll« zwischen Ihnen liegt.

12. Kapitel

Finden Sie den höchsten spirituellen Gedanken

Viele Paare, mit denen ich gearbeitet habe, streiten sich, weil beide an ihrem »Standpunkt« festhalten. Er ist sicher, daß er recht hat und sie ist sicher, daß sie recht hat. Keiner will nachgeben, und so streiten sie weiter. Das kann Jahre so gehen. Ich versichere Ihnen jedoch, es gibt eine andere Möglichkeit, dieses Spiel zu spielen – und sie macht mindestens soviel Spaß.

Marvin und Thelma stritten darüber, ob sie umziehen sollten oder nicht. Thelma war der Meinung, das Haus wäre zu klein geworden für alle ihre Sachen. Sie fühlte sich eingeengt und depremiert. Außerdem war das Haus aufgrund seiner Lage stets feucht und modrig. Das war mit der Zeit schlimmer geworden und es schien unmöglich, die Feuchtigkeit loszuwerden. Marvin sagte, daß sie zu diesem Preis niemals ein anderes Haus finden würden und sich ein teureres nicht leisten könnten. Die beiden stritten deswegen ständig. Sie fingen immer wieder und wieder damit an und fanden nie eine Lösung. Ich sagte ihnen, daß es Zeit wäre, eine Lösung *anzustreben*, und daß ein höherer spiritueller Gedanke hierfür schon vorhanden war. Dieser Gedanke war, daß sie *beide* recht behalten konnten. Die Idee, sie könnten beide recht behalten, war ihnen bisher einfach nicht in den Sinn gekommen.

Ich bat sie, zu versuchen, die Dinge anders zu sehen und sich vorzustellen, sie könnten ein Haus finden, das geräumig, trocken und warm und zu einem vernünftigen Preis zu haben war. Oder sie könnten überlegen, sich doch von einigen Sachen zu trennen und auch eine Möglichkeit finden, um die Feuchtigkeit loszuwerden. Diese Gedanken waren gegenüber den vorher von den beiden gehaltenen

Positionen durchaus positiv. Der nächste Schritt bestand darin, den höchsten Gedanken zu finden, der es beiden ermöglichen würde, das zu bekommen, was sie sich wünschten. Sie entschlossen sich umzuziehen. Weil Marvin sich einem höheren Gedanken als dem seinen anvertraute, (er änderte sine Vorstellung »unmöglich« in »Es könnte ja sein«) fanden sie tatsächlich ein neues Haus zu einem vernünftigen Preis.

Das Haus war eigentlich nur wenig größer, weil es aber mehr Zimmer hatte, konnte Thelma ein eigenes kleines Versandgeschäft einrichten, und bald schon hatten sie ein neues Haus und mehr Geld.

Es gibt immer einen Weg, der beide zufriedenstellen kann.

Lassen Sie sich nie in irgendeiner Einstellung verharren. Seien Sie wie Bobby und ich immer bereit, einen höheren spirituellen Gedanken zu entdecken und zu akzeptieren. Sie können immer fühlen und wissen, welches der höchste Gedanke ist, wenn Sie auf Ihren Körper hören. Der höchste Gedanke ist immer der positivste, der am wenigsten einengende und der ehrlichste und der produktivste. Er »fühlt« sich körperlich am besten an. Dieses Spiel verhindert Machtkämpfe und Streit. Er ist von Trainern übernommen worden, und natürlich spielen dieses Spiel auch die authorisierten Rebirther. Die Menschen lernen dieses Spiel im Training und entwickeln immer mehr Fertigkeit dabei.

Wenn jeder bereit ist, sich dem höchsten spirituellen Gedanken anzuvertrauen, bedeutet das nicht, daß jemand dem anderen seine Macht überläßt. Bei Paaren hat einmal der eine, einmal der andere den höchsten spirituellen Gedanken. Hat mein Partner diesen Gedanken, dann verlasse ich meinen Standpunkt und erhebe mich auf die Ebene des höchsten Gedanken. Habe ich den höchsten Gedanken, dann tut mein Partner das gleiche.

In geschäftlichen Besprechungen oder Gruppensituationen entwickeln wir gemeinsam den höchsten Gedanken. Ist der beste Einfall gefunden und jeder erkennt ihn an, dann hören wir auf »festzuhängen« und erheben uns auf die neue Ebene. Jeder ist erleichtert und glücklich, ganz gleich, wer die Idee herausgebracht hat. Wenn unklar ist, welches der beste Gedanke ist, dann trennen wir uns und meditieren darüber, anstatt zu streiten.

Betrachten Sie stets Ihr Leben, um herauszufinden, welche Ergebnisse Sie erreichen und anziehen. Überlegen Sie dann, welche Gedanken wohl zu diesen Ergebnissen geführt haben. Am wichtigsten ist es, sich daran zu erinnern, wenn Ihr Partner in einer Weise reagiert, die Ihnen mißfällt. Beobachten Sie sich selbst und finden Sie heraus, warum Sie wohl diese Art von Verhalten an Ihrem Partner hervorrufen und welcher Teil Ihres Unterbewußtseins diese Reaktion wünscht. Sie müssen auch die Verantwortung dafür annehmen, daß Sie den Typ Mensch mit diesem Verhalten in Ihr Leben ziehen.

Arbeiten Sie mit sich selbst, um das Niveau Ihrer Gedanken zu erhöhen, und bitten Sie Ihren Partner, das gleiche zu tun. Sie werden über die Ergebnisse überrascht sein.

13. Kapitel

Lassen Sie von Ihren Schuldgefühlen ab

Bobby und ich waren einmal sehr schockiert, als wir uns in dem Muster fanden, ständig Dinge zu verlieren. Wir hatten beide Goldschmuck, Geld und einige sehr gute Kleidungsstücke verloren. Wir konzentrierten uns darauf herauszufinden, warum dies so war, bevor die Verluste größer wurden. Wir unterbrachen unsere Reise in New York, um mit unserem Freund Bob Mandell darüber zu sprechen. Mit Bobs Hilfe durchliefen wir einige einfache Verfahren – genau solche wie im Training für Liebevolle Beziehungen.

Schließlich erkannten wir, daß wir einfach unter dem simplen alten Schuldgefühl litten, daß es uns zu gut ging und wir zu viel Spaß hatten. (Menschen kommen oft auf die Idee, daß Vergnügen schlecht ist und sogar daß »gut böse ist«. Wir trauen uns nicht, es uns »zu gut« gehen zu lassen.) Verglichen mit den meisten Menschen, sind wir einfach zu glücklich und das müssen wir dann ausgleichen, indem wir Dinge verlieren, um weniger Gewissensbisse zu haben. Wir alle entschlossen uns dann, unsere Schuldgefühle loszuwerden anstatt weiterhin »Gegenstände«. Wir kamen dann auf den Witz, daß man für die Fastenzeit lieber seine Gewissensbisse weglassen sollte als das Essen. Bobby sagte: »Ja, laß uns die Gewissensbisse begraben.«

Kurz danach machten wir uns auf den Weg nach Denver. Auf der Fahrt zum Flughafen gerieten wir hinter eine Beerdigungsprozession. Bobby schaute mich an und witzelte: »Das ist die Beerdigung der Schuldgefühle.« Ich lachte, und dann bestiegen wir das Flugzeug. In Denver verließen wir das Flugzeug und siehe da, die drei Teilnehmer, die uns abholten, kamen in einem alten Leichenwagen! Wir haben die Schuld zu Grabe getragen und so löste sich das Problem.

Gewissensbisse bestimmen und beherrschen häufig unsere Beziehungen. Sie betreffen auch unser Verhältnis zu Geld! Sie sind ein Symptom (ähnlich wie Fieber ein Symptom ist), daß etwas in Ihrer Beziehung zum Universum nicht stimmt. Sind Sie sich darüber ganz im klaren, daß Sie eine vollkommene Manifestation der Quelle sind, dann haben Gewissensbisse keinen Sinn. Sie entstehen also dann, wenn wir zulassen, unsere Göttlichkeit zu vergessen. Die Christen haben die Sünde als Trennung von Gott identifiziert. Der »Course in Miracles« sagt: »Das Beibehalten der Entscheidung, weiterhin getrennt zu bleiben, ist der einzig plausible Grund für das Beibehalten von Schuldgefühlen.«

Viele Menschen lassen ihre Beziehungen positiv laufen und haben viel Freude, bis sie plötzlich an die Toleranzgrenze dieser Freude gelangen. Dies ist eine künstliche Barriere, die sie selbst aufgebaut haben und die von Gewissensbissen beherrscht wird. In dem Augenblick, wo sie ein schlechtes Gewissen haben, weil sie eine wundervolle Beziehung oder sehr viel Geld haben, beginnen sie damit, ihr Glück zu ruinieren.

Sie müssen das schlechte Gewissen loswerden, damit Sie glauben können, eine gute Beziehung verdient zu haben. Sie müssen die Gewissensbisse verarbeiten, damit Sie sich selbst all die Freude gönnen, die eine vollkommene Beziehung mit sich bringt, und damit Sie mit Geld erfolgreich umgehen können.

Sie können damit beginnen, sich selbst jedes Versagen oder jeden Verstoß zu verzeihen, den Sie Ihrer Meinung nach begangen haben. Meditieren Sie über diesen Gedanken:

Ich bin unschuldig. Meine Unschuld bringt mir Frieden, Liebe und Wohlstand.

RÜCKKEHR ZUR UNSCHULD
von Phil Laut

Unschuld ist der Zustand der Einheit mit sich selbst; es ist ein Zustand des »Jetzt-Wissens«. Damit ist gemeint, daß Ihr Verständnis über sich selbst frei ist von vergangenem Wissen und vergangenen Konditionierungen; Sie sind frei, um im Jetzt zu handeln.

Schuldgefühle sind eine Reaktion der Furcht auf das, was Sie als unsicheres Universum ansehen. Schuldgefühle sind die Tendenz, dem Universum zuvorzukommen und sich selbst zu strafen, bevor etwas Größeres und Stärkeres uns strafen kann. Das Schuldgefühl selbst ist schon die Strafe. Fühlen Sie sich schuldig, dann haben Sie sich bereits genug bestraft. Noch mehr Strafe wird Sie nicht dazu bringen, sich besser zu fühlen.

Vergebung ist der Weg, der uns zurückführt zur Unschuld – sie ist die Rückkehr zum natürlichen menschlichen Zustand bedingungsloser Liebe, zu Zufriedenheit, Frieden und Kraft. Vergebung ist, von allen Gedanken an Rache oder Vergeltung abzulassen. Vergebung ist emotionelle Abrüstung.

Vom normalen Standpunkt der Logik aus betrachtet, scheint Vergebung nicht logisch. Vergebung ist sehr einfach. Fühlen Sie sich in irgendeiner Sache schuldig, dann ist das schon alles, was Sie wissen müssen, um zu erkennen, daß hier Vergebung fehlt. Vergebung hat nur mit Ihnen selbst etwas zu tun, mit niemandem sonst. Vergeben Sie jemandem, dann stellen Sie vielleicht fest, daß diese Menschen Ihnen freundlicher gesonnen sind. Aber darum geht es nicht. Vergebung dient vielmehr dazu, damit Sie mit sich selbst besser fühlen. So wie Schuldgefühle Strafe in sich tragen, so trägt Vergebung in sich Lohn.

Jesus sagte, als man ihn fragte, wie oft man vergeben solle: »Siebzig mal sieben.« Eine wirkungsvolle Weise, diese Aussage in die Tat umzusetzen, besteht darin, eine Woche lang Vergebungs-Bejahungen siebzig mal täglich aufzuschreiben. Das einzige, was Sie zu verlieren haben, sind Schuldgefühle.

Grundlegende Vergebungs-Affirmationen

1. Ich vergebe mir, andere verletzt zu haben.
2. Ich vergebe anderen, mich verletzt zu haben.
3. Ich vergebe mir, weil ich zugelassen habe, daß andere mich verletzen.
4. Ich vergebe den anderen, weil sie zugelassen haben, daß ich sie verletzte.

Weitere Vergebungs-Affirmationen

5. Ich vergebe mir, Nahrung genommen zu haben, als ich Liebe brauchte.
6. Ich vergebe mir, daß ich vorgab, recht zu haben, als ich Liebe wünschte.
7. Ich vergebe dem Arzt, der mich bei der Geburt gezwungen hat zu atmen.
8. Ich vergebe mir selbst, weil ich den Arzt gezwungen habe, mich bei der Geburt zum Atmen zu bringen.
9. Ich vergebe mir dafür, daß ich mein Leben zum Kampf mache.
10. Ich bin unschuldig. Ich bin ein Kind Gottes. Alle meine Wünsche sind und waren schon immer heilig.

Rima

Ich erinnere mich an den Abend, als Rima anfing, mich wirklich zu faszinieren. Sie hatte bei mir vor Monaten in Texas ihr Diplom als Rebirther gemacht, und sie hatte es damals verdient. Doch erst im August 1980 beim Rebirthers Jubiläum in Sun Valley, Idaho, begann ich, sie über alles zu bewundern. Wir feierten die Hochzeit von Mallie und Bob. Ich war sehr glücklich. Rima war exstatisch. Sie war ungefähr im siebten Monat schwanger. Ich schaute sie an, wie sie am Ende des Tisches saß. Den größten Teil des Abends strahlte sie. Sie war von exotischer Schönheit. Ihre körperliche Schönheit war das eine, doch ihre spirituelle Schönheit war das Wesentliche. Ihre Gegenwart war für mich erstaunlich. Ihre bloße Gegenwart warf mich um, ganz abgesehen davon, wie sehr sie in sich selbst ruhte. Ich war sprachlos. Mich durchlief ein sehr tiefes Gefühl der Liebe.

War sie wirklich die Frau, die im vergangenen Jahr jemand anders gewesen war? Damals war sie noch nicht so weit, und ich konnte ihr Diplom als Rebirther nicht unterschreiben, so schwer es mir auch fiel. Ich war die letzte, die zu unterschreiben hatte. Es tat mir selbst weh, doch ich mußte hart sein. Mir schien es, als stünden ganz Texas – und Rebirthing – auf dem Spiel. Ich spürte, daß ein wichtiger Teil ihres Geburtstraumas übriggeblieben war. Als ich sie sechs Monate später in Texas wiedersah, war das erhebend. Sie sah ganz anders aus. Eine neue Schwangerschaft heilte sie und sie war klug genug, das zu erkennen. Ich erinnere mich an den Augenblick, als sie sich mir völlig übergab und »abhob«, wie wir im Rebirther-Jargon sagen. Sie berichtete der Gruppe in Texas, daß sie mein Zaudern in Colorado vor sechs Monaten verstand, und sagte auch, wie sehr ihr das geholfen hatte. Ich spürte, wie mein Körper sich veränderte, als ich sie betrachtete. Ich empfand eine ungeheure Erleichterung, eine ungeheure Liebe. Ich sagte ihr, daß sie in Gegenwart der anderen in Santa Barbara ihr Diplom als Rebirther bekommen würde, doch für mich war das »ihr Tag«, das war der Tag ihrer Eignung zum Rebirther, genau in diesem Augenblick in Texas. Für mich ist das immer ein Eintrittsritus, und ich war wieder einmal tief bewegt.

Auf dem Weg zu Abbys Ranch (nahe Lyndon B. Johnsen's) begannen wir zu feiern. Wir feierten den ganzen Tag. Am späten Nachmittag durchlebte unsere Gastgeberin Abby ein spontanes vollständiges Rebirthing und fiel vor mir auf den Boden. Es war das wohl komplexeste Rebirthing, das ich je vorzunehmen hatte. Rima war vollkommen. Sie spürte im Nebenraum, was vorging, und kam im idealen Augenblick herein, um mir zu helfen. Der Zeitpunkt war vollkommen. Die Art, wie sie auf uns zukam – war vollkommen. Alles an ihr war vollkommen, und ich schätzte ihre Hilfe sehr.

Es war Rima, die den Wagen fuhr, als wir nach Austin zurückkehrten. Rima, Luxy und ich saßen vorne. Rimas Mann Steve saß mit der eben erst durchs Rebirthing gegangenen Abby, die noch dabei war, die Erlebnisse zu verarbeiten, auf dem Rücksitz. Um es ganz milde auszudrücken, herrschte im Auto enorm viel Gefühl und Intensität. Ich fragte Rima, ob ihr das Fahren etwas ausmachte. Sie schaute mich an, mit einem Lächeln in ihren Augen, und witzelte in ihrem allerliebsten Texas-Akzent: »Ich bin ein diplomierter Chauffeur.« Wir waren beide begeistert von dieser mehrdeutigen Aussage. Jeder gute Rebirther weiß, wie er einen anderen beim Fahren rebirthen kann.

Schon bald ergab sich die erste Gelegenheit, daß sie ein Training für Liebevolle Beziehungen (LRT) mit mir leiten konnte. Es war das erste LRT in Texas. Da sie ein neuer Trainer war, erklärte ich ihr, daß von ihr während ihres ersten Trainings erwartet wurde, schweigend vorne im Raum mit mir zu sitzen und kein Wort zu sagen. Ihre Aufgabe sei es zu lernen, mit der enormen Energie im Raum (die ihm Vergleich zu anderen Trainings einmalig ist) umzugehen und sie zu kanalisieren. Sie sollte zwei Tage lang kein einziges Wort reden, es sei denn, entweder ihr Co-Trainer oder die Zuhörer bäten sie ausdrücklich darum. Gegen diese Regelung erhob sie keinerlei Widerstand. Sie saß ganz still dort, Licht ausstrahlend, und sie war eine ständige Quelle der Hilfe und Unterstützung für mich und die Gruppe. Als wir sie endlich zu sprechen baten, war das, was sie sagte, vollkommen. Verschiedene Male brauchte ich ihre Hilfe in Situationen, die außerhalb des Raumes abliefen. Sie handhabte ein sehr schwieriges Problem auf dem Gebiet der Religion für mich. Sie sagte jedem die Wahrheit auf einer Ebene, die einfach verblüffend war.

Nach dem Training, am Montagmorgen bei Sonnenaufgang, ging ich in das Zimmer von Steve und Rima und kuschelte mich zwischen sie, das neue Wesen war zwischen uns und um uns. Wir alle waren glückselig, alle vier in dem Bett.

Ich blieb in Rimas Haus.
Ich beobachtete, wie sie mit Menschen Rebirthing machte.
Ich beobachtete, wie sie schwierige Situationen in den Gruppen meisterte.

Ich beobachtete sie als Lehrer.
Ich ließ sie mein Lehrer sein.
Ich war wirklich einverstanden mit meiner Entscheidung!

Bei dem Training »Der Himmel auf Erden« während des Jubiläums war ich mehr als überrascht, als sie mit ihrem Unterricht an der Reihe war. Sie war hochschwanger. Sie trug ein absolut himmlisch-sexy aussehendes Gewand, das der Gruppe, die aus ungefähr 100 Leuten bestand, ihren nackten Bauch völlig freigab. Über das Mikrophon ließ sie uns in Gruppen zu dritt niederlegen. Die Person in der Mitte war der Fötus im Mutterleib. Die beiden äußeren Personen sollten die Eltern sein. Wir alle kuschelten zusammen in großer Liebe. Dann legte sie die Platte »Sounds of the Womb« (Klänge aus dem Mutterleib) aus Japan auf. Eine Stunde lang führte sie uns über das Mikrophon durch eine liebevolle und zärtliche Rebirthing-Sitzung. Ich weinte sehr. Ich atmete stark. Ich gab mich ihr völlig hin.

14. Kapitel

Klären Sie Ihr Verhältnis zum Geld

Einmal hatte ich tatsächlich eine Rebirthing-Klientin, die mit zwei verschiedenen Millionären verheiratet gewesen war. Beide haben ihr gesamtes Geld verloren, als sie mit ihr zusammenlebten. Diese Frau war außerordentlich intelligent und fragte sich, was das zu bedeuten und ob dies irgend etwas mit ihr zu tun hatte.

Während ihres Rebirthens fand ich heraus, daß ihr Vater sehr reich gewesen war. Er hatte im Casino von Monte Carlo einige sehr hohe Wetten abgeschlossen, daß seine schwangere Frau einen Sohn zur Welt bringen würde. Als seine Frau nun aber einem Mädchen das Leben schenkte, war er nicht nur sehr enttäuscht, sondern er verlor auch sehr viel Geld. Während dieses Mädchen aufwuchs, wurde ihr die Geschichte immer wieder erzählt. Ihr Vater ließ keinen Zweifel, daß sie der Grund war, warum er so viel Geld verloren hatte. Er sagte ihr dies so häufig, daß sie als Kind diese Geschichte glaubte und sich der Gedanke in ihr festzusetzen begann: »An mir liegt es, daß Männer viel Geld verlieren.« Sie zog dann natürlich reiche Männer wie ihren Vater an, die im Zusammenleben mit ihr prompt Geld verloren, wodurch bewiesen schien, daß ihr Vater recht hatte und daß es mit ihr wirklich schrecklich war. Die Männer, für die sie interessant war, hatten Gedanken wie: »Frauen nehmen mich aus«, und so ergänzten sich diese beiden Muster.

Auseinandersetzungen über Geld sind ein häufiger Scheidungsgrund. Das ist völlig überflüssig, weil es nämlich möglich ist, das negative Geld-Karma auszuräumen, das jeder Partner in eine Beziehung einbringt.

Geld spielt in Beziehungen eine wichtige Rolle. Ums Geld drehen sich mehr Streitereien, Auseinandersetzungen und selbst Scheidungen, als man sich vorstellen kann, wenngleich der eigentliche Grund des Konflikts häufig ein anderer ist.

Geld gleicht insofern der Liebe, als man davon so viel haben kann, wie man annehmen will. Sie werden nur so viel besitzen, wie Ihnen angenehm ist. Beschuldigen Sie daher nicht Ihre Mitmenschen für das, was Sie nicht haben.

Geld hat aber auch Ähnlichkeit mit Essen, weil es Ihre Anweisungen genauso befolgt wie Nahrung. Geld ist Energie, und Sie kontrollieren seinen Fluß. Das gleiche gilt für Nahrung. Tatsächlich ist es so, falls Sie als Säugling nicht ausreichend Muttermilch bekamen, dann könnten sie von der Vorstellung beherrscht sein: »Ich bekomme nicht genug« oder sogar »Ich bekomme nichts ab«. Als Erwachsener deutet Ihr Unterbewußtsein dies als »ich kann nicht genug Liebe bekommen« oder »Ich kann nicht genug Geld bekommen«.

Es ist unnötig, in einer Beziehung über Geld zu streiten. Sie können einen einfachen schriftlichen Vorgang anwenden, um sich von Ihren negativen Gedanken über Geld zu befreien. Schreiben Sie oben auf ein sauberes Blatt Papier: »Meine zehn negativsten Gedanken über Geld sind ...« Nachdem Sie die negativen Gedanken aufgeschrieben haben, verwandeln Sie jede einzelne in eine positive Affirmation um. Sie werden sofort Ihre Erfolge mit Geld verändern.

Sie haben wirklich eine Beziehung zum Geld, glauben Sie es mir. Ob Geld da ist oder nicht, folgt ganz streng aus Ihrem Denken. Sie können es einsetzen, um sich selbst zu strafen (so wie Sie auch einen anderen Menschen dazu benutzen können, sich zu strafen), wenn Sie ein wenig Tadel brauchen.

Es gibt wirklich keine Ausrede dafür, ein Leben in Armut zu fristen. Anerkennen Sie sich selbst und lassen Sie zu, daß Geld Ihnen zufließt. Erinnern Sie sich an das, was Pfarrer Ike mir einmal gesagt hat:

GOTT IST DIE FÜLLE

Ich erwähnte einmal Phil Laut gegenüber (Autor des Buches »Money Is My Friend« – Geld ist mein Freund), daß wir das Thema Geld in unserem Training kaum anrühren, und doch sagen uns die Teilnehmer häufig, daß sich nach dem Training ihr Einkommen häufig verdoppelt hat. Auf die Frage, worin er den Grund dafür sähe, sagte er ihnen:

Alles, was irgendwer je an Geld bekam, stammt von anderen Menschen. Alles Geld, was je ausgegeben wurde, ging an andere Menschen. Geld ist eine Substanz, die um sich greift und fast jede Ihrer Beziehungen durchdringt. Das ist leicht zu erkennen an den Beziehungen zu den Menschen, mit denen Sie zusammenleben und die Kosten teilen, und es ist auch leicht zu erkennen an Beziehungen mit den Menschen am Arbeitsplatz. Selbst wenn sich Ihre Beziehung darauf beschränkt, sich einmal im Monat zum Abendessen zu treffen, um über ägyptische Kunst zu sprechen, taucht wahrscheinlich schon die Frage auf, wer für das Essen zahlt. Meistens gehen die Menschen ungezwungener mit Geld um und erreichen auch mehr Wohlstand, je ungezwungener und vertrauensvoller ihre Beziehungen werden.

Das LRT (Training für Liebevolle Beziehungen) beruht auf der spirituellen Wahrheit, deren Essenz die Göttlichkeit jedes einzelnen Menschen ist. Das Wissen, daß jeder seine eigene Wirklichkeit schaffen kann durch die eigene persönliche Göttlichkeit (wie durch die Fähigkeit, jederzeit andere Gedanken zu wählen), bringt den Vorgang des Gebens und Empfangens in das Hier und Jetzt. Das heißt, daß Verhaltensmuster der Verpflichtung, Schuld und Manipulation entfallen, die das Geben und Empfangen aller Dinge einschließlich Liebe und Geld begleiten. Ich, zum Beispiel, habe, seit ich ein göttliches Wesen bin, bevor ich Ihnen wirklich etwas gebe, zunächst den Gedanken, dies zu tun. Demzufolge müssen Sie erst gedanklich etwas empfangen, bevor Sie dies in der Realität annehmen können. Das aber macht das Empfangen zu einem kausalen Vorgang anstelle eines zufälligen Geschehens, über das Sie keine Kontrolle haben. Solange Sie denken, Sie gingen mit dem Geschenk eine Verpflichtung ein oder räumten dem Geber damit das Recht ein, Sie zu manipulieren, ist es für Sie sicherer, sich vor diesen unangenehmen Gefühlen zu schützen, indem Sie nur geben, wodurch Sie scheinbar die Kontrolle behalten. Ihre Bereitschaft, etwas anzunehmen, ist ein Dienst an sich; dadurch ermöglichen Sie es dem anderen, freizügig zu geben.

Für mich war das LRT ein großer Schritt auf dem Weg dazu, mir selbst zu vertrauen. Das Wesentliche des Wohlstandsbewußtseins ist die bedingungslose Bereithaft, der Liebe und Großzügigkeit anderer Menschen zu vertrauen. Für fast jeden von uns war die Geburt die erste Beziehungserfahrung mit Menschen, die wir sehen konnten, und sie hat uns wahrscheinlich gelehrt, daß es schmerzhaft ist, anderen Menschen zu vertrauen. Ein Schlüsselelement elterlicher Konditionierung nach der Geburt bringt uns dazu zu glauben, daß die Einstellung der Eltern vertrauenswürdiger ist als unsere eigene. Diese Einstellung wird von den meisten Eltern durch die üblichen Belohnungen und Strafen verstärkt, welches jedes emotionelle System der Logik durchzieht, das auf bedingter Liebe beruht. Sich selbst lieben, hängt sehr eng mit sich selbst vertrauen zusammen, so daß die

von den Teilnehmern erfahrene gesteigerte Selbstschätzung mehr Selbstvertrauen hervorruft, was sich dann in einem ausgeprägteren Sinn für finanziellen Wohlstand äußert.
Wir empfangen beruhigt.

Seminarteilnehmer lernen die Kunst des Annehmens.

Sie befreien sich von Blockaden, die der Annahme von Liebe und auch Geld entgegenstehen.

15. Kapitel

Klären Sie Ihr Verhältnis zum Sex

Ich arbeitete einmal mit einem Paar, das schon viele prominente Sex-Kliniken aufgesucht hatte. Während ihrer Anwesenheit dort, war sein Sex-»Problem« (vorzeitige Ejakulation) vorübergehend beseitigt. Doch sobald die beiden nach Hause kamen, war das Problem wieder da und sie wieder nah daran, sich scheiden zu lassen. Ich mußte dreißig Minuten später Los Angeles verlassen, doch als ich diesen Anruf erhielt, willigte ich ein, auf der Fahrt zum Flughafen mit ihm zu sprechen. Es war ein Schuß auf gut Glück. Ich machte ihm ganz deutlich, daß ich nur wenig Zeit hätte und er deshalb meine Fragen schnell und aufrichtig beantworten und mir sofort vertrauen müsse. Er war einverstanden.

Ich ging zurück zu seiner ersten sexuellen Erfahrung und stellte fest, daß seine Mutter, die intuitiv wußte, daß es diese Nacht geschehen würde, ihm beim Herausgehen aus der Tür nachschrie: »Wenn du ein Mädchen schwanger machst, bringe ich dich um.« Er nahm das ganz wörtlich und brachte die ganze Sache schnell hinter sich, so schnell sogar, daß er sich noch nicht einmal mit ihr vereinigt hatte, noch je mit einer anderen Frau. Er hatte jedoch niemals den Zusammenhang gesehen zwischen dem, was seine Mutter gesagt hatte und dem, was geschehen war. Er, den sein erstes sexualles Desaster sehr verlegen machte, kam zu dem Schluß, daß körperlich etwas mit ihm nicht in Ordnung sei, oder noch viel schlimmer geistig. Und dann versagte er immer wieder. Ich gab ihm eine einfache Affirmation und nahm ihm das Versprechen ab, sie zu benutzen. Er stimmte zu. Ich bat ihn aufzuschreiben: »Es ist jetzt sicher für mich, bei einer Frau zu sein.« »Ich bin sicher, wenn ich zu einer Frau komme« usw. In letzter Minute schaute ich seine Frau an und sagte: »Irgendwie glaube ich, Sie sollten auch mit einer Affirmation arbeiten und Sie sollten folgende nehmen: ›Ich stimme zu, daß mein Mann sein Sexproblem in Ordnung bringt.‹« Sie erstaunte mich, als sie sagte: »Woher kennen Sie mich so gut?« Sie gestand ihre Angst, ihr Mann könnte fremdgehen, sobald er das Problem seiner vorzeitigen Ejakulation gelöst hätte.

Die beiden schrieben mir später und ließen mich wissen, daß ihr Problem gelöst war.

Sexuelle Probleme sind komplexer, als sie scheinen. Beide Seiten sind davon betroffen, und es ist wichtig zu erkennen, wie die Muster ineinander verschlungen sind. Sex-»Techniken« werden nie auf Dauer funktionieren, bevor nicht die erforderlichen Gedankenänderungen stattgefunden haben.

Die meisten von uns könnten lernen, viel mehr Vergnügen zu bekommen, als Sie jetzt kennen. Der Schlüssel dazu liegt in unserer Annahmebereitschaft. Um ein gutes Sexualleben zu führen, müssen Sie ein hohes Selbstwertgefühl besitzen. Haben Sie eine geringe Meinung von sich, dann glauben Sie, sexuelle Freuden nicht verdient zu haben. Man kann es auch so formulieren: »Sie werden nur so viel Vergnügen an Sex haben, wie Sie selbst zu geben bereit sind.«

Heutzutage lesen die Menschen so viel über sexuelle Praktiken, daß sowohl Männer als auch Frauen befangen und besorgt sind, wie sie ihre Partner befriedigen können. Was am besten im Bett funktioniert, ist, sich selbst Freude zu machen. Damit meine ich, daß die Partner ein Abkommen treffen, wonach jeder für seinen eigenen Orgasmus verantwortlich ist, indem er den anderen wissen läßt, was ihm am meisten Freude macht und sich dann im Geben und Nehmen abzuwechseln. Willigen Sie ein, in Ihren Wünschen und Ihren Reaktionen völlig ehrlich zu sein, dann gibt es nie einen Grund zu der Frage, ob der Partner glücklich oder gelangweilt, zufrieden oder frustriert, müde oder angeregt ist.

Sexuelle Erfüllung erfordert natürlich, daß Sie von all den alten negativen Gedanken über Sex ablassen wie, daß Sex schmutzig, gefährlich, verboten, erschreckend oder sonst etwas sei. *Sex ist unschuldig*. Es sind nur die alten negativen Aussagen, die wir mit Sex verbinden, die uns verderben. Sie können jetzt anfangen, sie auszuräumen, indem Sie alle Ihre negativen Gedanken über Sex aufschreiben und sie in Bejahungen umwandeln.

Das folgende scheint zwar offensichtlich, ist aber von großer Bedeutung: Wenn Sie mit Ihrem Partner zusammen sind, denken Sie auch an Sex (viele Menschen denken dabei statt dessen an die Reinigung, den Abfall, die Kinder, den nächsten Einkauf). Seien Sie mit Ihrer ganzen Aufmerksamkeit in dem Teil Ihres Körpers, der gerade berührt wird. Wenn Sie sich während des Vorspiels darin abwechseln, sich gegenseitig Vergnügen zu bereiten, sollten beide die Aufmerksamkeit auf denjenigen konzentrieren, der gerade verwöhnt wird. Ich lenke meine Aufmerksamkeit auf den Teil meines Körpers, der berührt wird und mein Partner tut das auch; dann tauschen wir die Rollen. Sind die Gedanken zweier Menschen auf einen Körper konzentriert, ergibt das eine sehr kraftvolle sexuelle Energie, und Sex *ist* Energie. Je reiner Ihre Energie, desto reiner und intensiver die sexuelle Erfahrung.

Es hilft, wenn Sie daran denken, daß Sie während eines sexuellen Beisammenseins auch eine Pause machen und sich unterhalten können – besonders, wenn es nicht so läuft, wie Sie das wünschen. Irgendwie verhalten sich die Menschen so, als könnten Sie den Ablauf nicht ändern oder darüber sprechen, wenn erst einmal alles im Gang ist. Kommunikation ist sehr wichtig. Sie müssen lernen, zu sagen, wie Sie es haben möchten.

Einige Menschen neigen dazu, während des Liebens den Atem anzuhalten. Glauben Sie es mir, Sie können sehr viel mehr Liebe annehmen, wenn Sie dabei atmen!

Und der Zeitpunkt eignet sich wundervoll, zusammen zu rebirthen, wenn Sie gelernt haben, wie es geht. Sex ist völlig anders, wenn erst einmal das Geburtstrauma ausgeräumt ist. Zunächst einmal ist es plötzlich eine sichere Sache, sich völlig fallenzulassen; Sie können sich ganz hingeben, weil Sie wissen, daß tief unten nichts ist, was Sie ängstigen oder traurig machen könnte. Zum zweiten wird Ihr Atem reguliert, und dadurch können Sie viel mehr Energie und Freude verkraften. Sie können sogar lernen, Ihren Orgasmus zu kontrollieren und ihn dadurch zu verlängern, indem Sie zu bestimmten Zeiten den Atem anhalten.

16. Kapitel

Lernen Sie, mit Eifersucht umzugehen

Fred und Barbara stritten ständig über die Eifersucht. Sie beklagte sich darüber, daß Fred an anderen Frauen mehr interessiert sei und ihnen mehr Aufmerksamkeit widme als ihr. Sie sagte, Fred sei jetzt hinter ihrer besten Freundin her und sie wolle die Scheidung. Fred hatte eine Affäre gehabt, sie aber beendet, als Barbara mit Scheidung drohte.

Auf den ersten Blick schien es so, als wäre Fred der Alleinschuldige. Sie war natürlich überzeugt davon. Doch als ich den Fall dieser beiden genauer untersuchte, fand ich heraus, daß Barbara eine Schwester hatte, auf die sie wahnsinnig eifersüchtig war. Diese Schwester schien alle Aufmerksamkeit des Vaters auf sich zu ziehen, und Barbara gab an, daß ihr Vater ihre Schwester nicht nur mehr geliebt hätte als sie selbst, sondern ihr auch mehr Geschenke und Geld gab. Außerdem schien ihre Schwester auf Männer eine gewisse Anziehung auszuüben, so daß Männer, die zu ihrer Familie zu Besuch kamen, mit ihrer Schwester anstatt mit ihr flirteten.

Barbara hatte also eine Situation geschaffen, in der Fred ihr Vater war und alle diese »anderen Frauen« ihre Schwester. Sie geriet dann sehr in Wut, doch eigentlich war sie wütend auf ihren Vater. Und mit den anderen Frauen, die sie am liebsten »umgebracht« hätte, meinte sie eigentlich ihre eigene Schwester.

Fred hatte die Vorstellung, Frauen wollten ihn einfangen. Aufgrund Barbaras wahnsinniger Eifersucht und ihres Besitzanspruches war er fest davon überzeugt. Sie paßte in sein Muster hinein. Barbara war wie seine Mutter, die immer besitzergreifend war.

Als sie erst einmal erkannten, daß sie in Mustern gefangen waren, und unbewußt versuchten, sich gegenseitig von alten Familienverhältnissen zu heilen, wurde die Situation besser. Barbara vergab endlich ihrer Schwester, überwand ihre Abneigung und entdeckte ihre eigene Schönheit, ihre Talente und Fähigkeiten. Fred hörte auf, sich nach ihrem Muster und ihrem Erwartungssystem zu verhalten. Er bekannte, daß er eigentlich sowieso keine anderen Frauen haben wollte. Als er seiner Mutter vergab, so besitzergreifend zu sein, hörte Barbara auch damit auf, seinem Überzeugungssystem entsprechend zu handeln und stellte gleichzeitig ihr übermäßig besitzergreifendes Verhalten ein.

Es gibt nur wenige Menschen, die noch nie eifersüchtig waren. Ich konnte jedoch beobachten, daß die Eifersucht immer geringer wird, je mehr Selbstwertgefühl der Mensch besitzt. Menschen mit hohem Selbstwertgefühl ruhen meist in ihrer Mitte, sind zuversichtlich und wissen, daß sie mit ihrem augenblicklichen Partner glücklich sein, sich aber auch einen neuen und besseren Partner finden können, wenn der jetzige geht. Menschen mit hoher Selbstachtung wissen, daß sie haben können, was sie sich wünschen, und meistens arrangieren sie ihr Leben so, daß für Eifersucht wenig Platz bleibt.

Es überrascht mich immer wieder, daß Menschen eine Beziehung eingehen, ohne je über die gegenseitige Erwartung bezüglich Treue zu sprechen. In einem der ersten Trainings für Liebevolle Beziehungen bat ich die Teilnehmer um Handzeichen, ob sie in einer strikt monogamen oder einer offenen Beziehung lebten. Das Seminar geriet in Aufruhr, als etliche Paare entdeckten, daß einer der Partner der Meinung war, die Beziehung sei monogam, während der andere glaubte, sie sei offen. Es ist schon reichlich unvernünftig, eine Ehe einzugehen, ohne eine Absprache über solch ein grundlegendes Thema zu führen, doch offensichtlich geschieht in den meisten Fällen genau das.

Es gibt keine verbindliche Antwort auf die Frage, ob eine monogame oder eine offene Beziehung besser ist. Das Geheimnis besteht darin, sich selbst gut zu kennen und herauszufinden, was man akzeptieren und woran man Freude haben kann. Einige häufige Meinungen sind:

1. Primäre Beziehung, sexuell geschlossen (Monogamie)
2. Primäre Beziehung, sexuell offen
3. Mehrere Partner
4. Gruppenehe
5. Zölibat

Es ist äußerst wichtig, daß Sie Ihre eigenen Verhaltensmuster berücksichtigen, wenn Sie entscheiden, welche Art von Beziehung für Sie richtig ist. Wenn »Promiskuität« für Sie ein schmutziges Wort ist, scheint es sehr unwahrscheinlich, daß mehrere Partner Sie glücklich machen können. Wählen Sie eine Form, die Ihren Prinzipien nicht entspricht, dann strafen Sie sich möglicherweise später selbst. Stellen Sie sich die Frage: »Welche Form dient meinen Zwecken im Leben am besten?« Denken Sie stets daran: Sie sind die Quelle Ihres eigenen Moralkodex. »Was ist für mich gut und richtig, ohne andere zu verletzen?«

Als ich einmal gefragt wurde, wie mit Eifersucht umzugehen sei, schlug ich vor, herauszufinden, warum überhaupt eine Eifersuchtssituation geschaffen wurde. In anderen Worten, was hat man davon? Dienen die Eifersuchtsszenen dazu, um sich selbst zu bestrafen? Warum wollen sie Unglück in ihrem Leben haben? Finden Sie heraus, daß jemand anders eine Beziehung hat zu der Person, die Sie lieben, stellen Sie sich folgende Fragen:

1. Habe ich die Situation angezogen, um zu beweisen, daß ich nicht gut genug bin?
2. Stellt die andere Frau meine Schwester dar, die mehr von Vaters Liebe abbekam?
3. Repräsentiert der andere Mann meinem Bruder, der mehr von Mutter geliebt wurde?
4. Wurde meine Beziehung zu gut und zu eng, so daß ich sie zerstören mußte?
5. Bekam ich mehr Liebe, als ich zu verdienen schien, so daß ich dies beenden mußte?
6. Bin ich süchtig nach Schmerzen und liebe ich sie sogar heimlich?

7. Bin ich der Meinung, Kummer sei ein natürlicher Zustand?

8. Habe ich lieber Szenen als Frieden?

9. Versuche ich zu beweisen, daß andere mir etwas anhaben wollen?

10. Denke ich, keinem Mann (oder keiner Frau) sei zu trauen, und will das beweisen?

11. Bin ich der Meinung, ich bekomme nicht, was ich mir wünsche?

12. Glaube ich, das Leben sei ein ewiger Verlust – und daß dies der Beweis sei?

13. Glaube ich, ich könnte nicht behalten, was ich mir wünsche?

14. Nutze ich dieses Chaos als eine Ausrede, um meinen Partner loszuwerden?

15. Strafe ich mich auf diese Weise gerne, weil ich wegen irgendeiner Sache Schuldgefühle habe?

16. Möchte ich insgeheim selbst andere Partner haben, leugne das aber vor mir selbst?

17. Versuche ich, meinen Partner loszuwerden?

Beginnen Sie zu erkennen, warum Sie andere Menschen nicht für Ihre Eifersucht beschuldigen können? Sie haben dieses Durcheinander hervorgerufen! Sie wollten diesen Zustand, um irgend etwas zu beweisen; Sie wollen beweisen, daß Ihre negativen Überzeugungen richtig waren. Bedenken Sie: *Sie erschaffen das, wovon Sie glauben, daß es wahr ist.*

Wenn Sie einen Menschen finden, den Sie mögen, untersuchen Sie alle Gefühle und Überzeugungen, die Sie beide über Partnerschaft haben und kommen Sie dann zu einer Übereinkunft über die Art von Partnerschaft, die Ihnen beiden am besten entspricht. Wenn Sie weiter mit den Vorschlägen in diesem Kapitel arbeiten, dann haben Sie eines Tages entweder

1. eine monogame Beziehung, in der keiner von Ihnen Eifersuchtssituationen heraufbeschwört, oder

2. eine offene Beziehung, die Sie ohne jede Art von Eifersucht handhaben können, oder

3. sonst ein Arrangement, das rundum ein GEWINN für Sie ist.

Wenn ich etwas aus Bobbys und meiner Arbeit gelernt habe, dann dies: Es gibt kein »sollte« und kein »müßte«. Sie brauchen nicht um jeden Preis eine Partnerschaft. Sie brauchen nicht verheiratet zu sein, um in Ordnung zu sein. Nur weil ein anderer verheiratet ist oder eine großartige Beziehung hat, sind diese Menschen nicht irgendwie besser und Sie nicht irgendwie schlechter. Es bedeutet nicht, daß Ihr Leben für Sie nicht hinhaut, nur weil sich eine Beziehung ändert. *Sie bekommen immer das, was Sie brauchen.*

Es kann Zeiten geben, in denen Sie alleine sein sollen, und das ist dann die gesündeste Sache. Es kann Zeiten geben, wo Sie viele Beziehungen brauchen, weil Sie viele Dinge zu lernen haben. Es kann eine Zeit geben, in der Sie in einer Ehe am besten lernen können. Sie werden die Dinge automatisch immer so arrangieren, daß Sie das lernen können, was für Sie gerade wichtig ist. Sie werden naturgemäß Situationen schaffen, die Sie am schnellsten heilen und Ihnen helfen, ihr Ego aufzugeben. Im Universum gibt es alle nur denkbaren Arten von Beziehungen; sie alle dienen der Heilung, und es gibt keine Art der Beziehung, die besser ist als eine andere.

17. Kapitel

Befreien Sie sich von unterdrücktem Inzest

Jill erzählte mir, daß sie und George zu Anfang eine fabelhafte sexuelle Beziehung hatten, doch sobald sie verheiratet waren, verlor sie plötzlich das Interesse. Sie machte George dafür verantwortlich, doch keiner ihrer Gründe war einleuchtend. Schließlich gab sie das selbst zu. Ich fragte, ob ihr dies früher schon so ergangen wäre und sie bekannte, daß es schon einmal einen Mann gegeben hatte, mit dem das gleiche geschehen war. Ihr fiel auf, daß diese Situation erst eintrat, nachdem sie zusammengezogen waren. »Und was hatten diese beiden Männer gemeinsam?« fragte ich sie. »Sie sehen beide aus wie mein Vater«, war ihre Antwort. Ich wies sie darauf hin, daß, weil beide Männer ihrem Vater so sehr ähnlich waren, es ihr schwerfiel, sexuelles Interesse zu behalten, weil es für sie war, als würde sie Inzest treiben. Warum, fragte sie, war sie dann zunächst dazu in der Lage? Die meisten inzestuösen Gefühle und Verbindungen werden zu Beginn einer Beziehung unterdrückt. Wenn sie dann mit jemandem zusammen in einen gemeinsamen Haushalt zog, der ihrem Vater ähnlich sah, wurde sie von einer Flut von Kindheitserinnerungen heimgesucht. Der ständige Energieaustausch im Zusammenleben bringt Kindheitserinnerungen an die Oberfläche.

Es fiel ihr zunächst sehr schwer, die Erklärung zu akzeptieren, denn sie wollte einfach nicht wahrhaben, daß sie sexuelles Interesse an ihrem Vater gehabt haben könnte. Sie stimmte aber der Teilnahme am Training zu und wiederholte es mehrmals. Als sie die Prozesse über Inzest durchlaufen hatte und andere über deren Gefühle sprechen hörte, fühlte sie sich sicher genug, einige der Erinnerungen hochkommen zu lassen. Trotzdem glaubte sie das ganze nicht so recht, bis sie im vierten Training plötzlich einen lautstarken Wutausbruch bekam, zu zittern anfing und fast in Ohnmacht fiel. In diesem Augenblick kam sie an ihre Wut heran, daß es ihr nicht möglich war, ihren Vater sexuell zu lieben. Diese emotionelle Erleichterung heilte sie und das Problem löste sich.

Ich bin schon immer der Meinung, daß es nicht der menschlichen Ethik entspricht, das Thema Inzest in einem Kursus über Beziehungen auszusparen. Meine Untersuchungen auf diesem Gebiet haben mir gezeigt, daß unterdrückte inzestuöse Gefühle das Sexualleben meist so stark beeinflussen, daß viele der auftauchenden Probleme darauf zurückzuführen sind.

Ich habe mich früher gefragt, warum Paare anfangs ein großartiges Sexualleben haben, und immer weniger Spaß daran haben, sobald sie erst einmal zusammenleben oder verheiratet sind. Man sollte eigentlich annehmen, daß, wenn Paare mehr und mehr zusammenwachsen, das Sexuelleben immer besser wird.

Zu Beginn einer Beziehung werden alle inzestuösen Gefühle völlig unterdrückt. Nachdem jedoch ein Paar einen Hausstand gründet, werden die Kindheitserfahrungen unbewußt wieder neu belebt und der Partner wird mehr und mehr zu dem Elternteil. Je mehr der Partner dem Vater oder der Mutter ähnlich wird, um so unfähiger sind wir, ihn körperlich zu lieben. Aufgrund des Tabus der Liebe zu den eigenen Eltern sind wir, wenn diese unbewußte Verbindung stärker wird, immer weniger fähig zur körperlichen Liebe. Oft dauert es Jahre, bis es soweit ist, weil viel Energie, Liebe und Emotion notwendig ist, um dieses unterdrückte Material aus dem Unbewußten an die Oberfläche zu bringen.

Viele Menschen werden in ihrem ersten LRT während der Inzest-Übung bewußtlos. Sie sind auf dieses Gebiet so sehr belastet, daß sie sich davor fürchten, ihm ins Auge zu sehen. Langsam beginnen sie zu erkennen, daß die Dinge, von denen sie nicht sprechen können, die Dinge sind, von denen sie beherrscht werden, doch manchmal dauert es bis zum dritten Training, bevor sich diese Menschen trauen, sich an Inzestgefühle zu erinnern.

In bezug auf Inzestgefühle gibt es eine Menge unnötiger Schuldgefühle. Bedenken Sie, daß Sie als Baby ein für Berührung sehr empfindsames, sinnlich ausgeprägtes Wesen waren, das ständig Körperkontakt bekam. Die Badezeit war eine Zeit besonders intensiven Vergnügens, wo Sie am ganzen Körper, einschließlich der Geschlechtsteile berührt wurden. Bedenken Sie auch, daß Ihre Eltern sich zu dieser Zeit in sexueller Höchststimmung befanden. Als Säugling fanden Sie diese Berührungen wunderbar, doch eines Tages hörte das ohne Erklärung auf. Ihr Verstand sagte Ihnen, daß Sie etwas falsch gemacht haben müssen, weil dies aufhörte, und Sie fingen an, Schuldgefühle zu entwickeln. Frühe Sexualspiele mit Geschwistern mögen die Schuldgefühle verstärkt haben, obwohl wir einsehen, daß es nur natürlich ist, die Neugier zu befriedigen und gleichzeitig Vergnügen dabei zu empfinden.

Wie können Sie nun heute mit Inzest umgehen? Untersuchen Sie Ihre Gefühle über Ihre Eltern und Brüder und Schwestern und bekennen Sie sich zu dem, was Sie herausfinden. Erkennen Sie, daß Sie Ihre Gefühle nicht ausleben müssen. Wir alle haben viele Empfindungen, gegen die wir bewußt nichts tun. Vergeben Sie sich selbst, daß Inzest bisher Ihr Leben beeinflußt hat. Die Menschen, die vor einer Gruppe die Wahrheit über Inzest bekannt haben, fühlten sich anschließend völlig befreit und berichteten später über großartige Veränderungen in ihrem Sexualleben.

Im LRT haben wir besondere Verfahren und Techniken, um unterdrückte inzestuöse Gefühle freizusetzen. Bis dahin mag es hilfreich sein, einzusehen, daß Sie vielleicht Ihren Partner als Ersatz-Elternteil etabliert haben und aus diesem Grund Ihr Sexualleben mit ihm oder ihr blockiert ist.

18. Kapitel

Erkennen Sie den Sinn Ihrer Partnerschaft

Ich habe nie viel über den Sinn von irgend etwas nachgedacht, bis ich eine »erleuchtete« Schule für Unternehmer besuchte, die mein Freund Marshall Thurber leitete. Als erstes einigten wir uns über die Aufgabe dieser Schule, was, da wir die ersten Teilnehmer waren, nahelag. Es war auch eine Routineaufgabe, weil, darin stimmten wir überein, das wichtigste bei der Einrichtung eines neuen Unternehmens darin besteht, daß die Beteiligten das Ziel des Unternehmens kennen. Alle sollten sich darin einig sein; und jeder sollte wissen, was jedes Wort bedeutete, nachdem die Zielbestimmung schriftlich fixiert war. Wir dachten, das sei eine leichte Übung, doch wir brauchten dafür viele Tage.

Nach dieser langwierigen Erfahrung begann ich zu verstehen, daß der erste Schritt in Richtung Teamarbeit und erfolgreiches Unternehmen darin besteht, daß jeder auf Ziele hinarbeitet, auf die sich alle gemeinsam einigen können. Wenn mein Ziel sich völlig unterscheidet von dem der anderen im Unternehmen, dann arbeiten wir gegeneinander.

Das erste, was ich nach dem Besuch dieser Unternehmerschule tat, war die LRT Mitarbeiter zusammenzubringen, um uns über den Sinn unserer Arbeit zu einigen. Es dauerte Stunden. Doch das war es wert. So etwas lohnt sich immer.

Ich dachte auch nie darüber nach, was ich in einer Partnerschaft anstrebte oder warum ich diese und nicht eine andere Beziehung eingegangen war. Ich machte mir nie die Mühe, den Sinn meiner Beziehungen aufzustellen. Ich lief einfach ziellos mit einem Partner, den ich zufällig kennengelernt hatte, durch die Landschaft. Ich habe weder den richtigen Partner noch die richtige Beziehung bewußt für mich geschaffen.

Nun, da ich erleuchtet bin, denke ich sorgfältig über den Zweck dieser Beziehung nach und spreche mit meinem Partner darüber. Ich spreche immer zuerst über Gott; früher war ich viel zu verängstigt, um den Namen Gottes nur zu erwähnen. Der Sinn einer Beziehung liegt für mich darin, eine heilige Beziehung zu schaffen, in der wir Gott miteinander dienen, um gemeinsam den Himmel auf Erden zu schaffen und gemeinsam im Licht zu sein. Seit ich erleuchtet bin, ist jeder Mann, dem ich begegnete, sofort damit einverstanden gewesen. War er das nicht, dann lag mir wenig daran, daß er länger bei mir blieb. Ich zog auch niemals einen Mann an, der nicht dieses gleiche Ziel hat, und das macht mir das Leben leicht.

Sie können Ihr Ziel formulieren, wie Sie es wollen. Wichtig ist nur, daß Sie wissen, welches Ziel Sie haben. Das gilt auch für nichtzwischenmenschliche Beziehungen. Sie möchten vielleicht eine Geschäftsbeziehung nur eingehen, um Geld zu verdienen. Doch es ist immer besser, »zuerst nach dem Reich Gottes zu trachten, dann wird euch alles andere hinzugegeben«. Haben Sie dieses Ziel und sind außerdem bereit, höchstes spirituelles Denken anzustreben, dann – ich versichere es Ihnen – werden sich die Zustände in all Ihren Beziehungen sehr schnell verbessern.

Der »Course in Miracles« spricht über den Unterschied zwischen einer heiligen und einer unheiligen Beziehung:

> ... eine unheilige Beziehung beruht auf Unterschieden, und jeder glaubt, er habe etwas, das der andere nicht hat. Man kommt zusammen, um sich selbst zu vervollständigen und den anderen zu berauben. Man bleibt zusammen, bis man glaubt, es sei nichts mehr zu holen, und dann geht man weiter. Und so ziehen sie wie Fremde durch diese Welt...
> Eine heilige Beziehung geht von einer anderen Grundlage aus. Jeder hat sich selbst geprüft und keinen Mangel gefunden. Seine Ganzheit anerkennend, erweitert er sie, indem er sich mit einem anderen Selbst, hell wie er, verbindet... diese Verbindung besitzt die Heiligkeit des Himmels. Wie weit entfernt vom Himmel kann eine solche Beziehung sein?
> Bedenken Sie, was eine heilige Beziehung lehren kann!

Mit anderen Worten: Sind beide einverstanden, diese Freundschaft einem »höheren Etwas« zu verpflichten, dann werden beide durch enorme spirituelle Kräfte unterstützt.

19. Kapitel

Behandeln Sie jeden mit größter Liebenswürdigkeit

Meine Mutter schaute mir einmal in die Augen, während sie fragte: »Warum ist es so, daß Familien, in denen sich die Menschen am besten behandeln sollten, manchmal am schlechtesten miteinander umgehen?« Ich konnte ihre Frage nicht beantworten, doch habe ich mich immer wieder daran erinnert. Wir waren aus irgendeinem Grund über einander verärgert, was selten geschah. Sie fragte mich mehr oder weniger, warum wir unsere Probleme nicht jedesmal sanft und mit größter Freundlichkeit lösen konnten. Ich war noch klein und ich wunderte mich, warum sie gerade mir diese Frage stellte.

Aber als ich erwachsen wurde und mehr in der Welt umherkam, kam ich zu vielen Familien, in denen die Familienmitglieder einander zu hassen schienen. Sie schienen sich gegenseitig weh tun zu wollen, sich am liebsten gleich zu prügeln und als Verständigungsmittel Gemeinheiten oder Sich-anschreien zu bevorzugen. Ich konnte das nie begreifen. Und eines Tages las ich, daß die meisten Morde direkt zu Hause begangen wurden! Ich war entsetzt.

Eines Tages kam ich in ein Haus, in dem der Hund der einzige war, der anständig behandelt wurde. Ich habe mich immer gefragt, wie es so etwas geben kann, genauso wie meine Mutter sich wunderte.

Die für das LRT durchgeführten Untersuchungen haben einiges ans Licht gebracht. Die meisten Menschen sind wütend auf ihre Eltern, lassen es aber an ihrem Partner aus. Sie bauen nicht einmal eine Beziehung auf zu dem Menschen, mit dem sie zusammenleben, sondern zu jemandem, den sie in diesen Menschen hineinsehen. Bringen Sie Ihre Beziehung zu Ihren Eltern in Ordnung (und das ist nötig, gleich, ob Ihre Eltern noch leben oder schon gestorben sind), dann können Sie zu Ihrem Partner eine Beziehung aufbauen wie zu einem Freund, den Sie wie einen Engel behandeln werden.

Es scheint unsinnig, sich dies sagen lassen zu müssen, vor allen wenn man bereits erwachsen ist. Doch seien Sie ehrlich, wie oft haben Sie schon vergessen, sich daran zu halten? Vielleicht müssen wir wirklich an die »goldene Regel« erinnert werden.

Es ist möglich, nach der »goldenen Regel« zu leben, selbst wenn der andere völlig außer sich und wütend ist. Das Wichtigste ist, den anderen seine Wut ausdrücken zu lassen, ohne sich einzumischen. Jeder Schrei enthält eine Botschaft. Der andere bittet Sie um Hilfe, weiß aber nicht, wie er das anstellen soll.

Hier folgen einige einfache Ratschläge:

1. Denken Sie daran, Sie wollen sich nicht »messen«, um zu sehen, wer der Stärkere ist.

2. Atmen Sie tief durch; helfen Sie auch dem anderen, tief zu atmen.

3. Bringen Sie ihm Ihre Liebe entgegen, indem Sie fragen: »Wie kann ich dir helfen?«

4. Schlagen Sie vor, wie der andere sonst noch seine Wut in geeigneter Form abreagieren kann.

5. Seien Sie bereit, dem anderen genau in dem Moment *zuzuhören.*

Es stimmt, was der »Course in Miracles« sagt: Jeder liebende Gedanke ist aufrichtig. Alles andere ist ein Flehen um Hilfe und Heilung.

Meditieren Sie über den Gedanken, Ihren Partner und Ihre Angehörigen zu behandeln, als seien sie Könige oder Königinnen. Möchten Sie nicht auch genauso behandelt werden? Meditieren Sie darüber, sie wie Heilige zu behandeln. Anerkennen Sie die Göttlichkeit eines jeden Menschen, und jeder wird sich dann in Ihrem Umkreis göttlich verhalten.

20. Kapitel

Lernen Sie die »schöpferische Imagination« einzusetzen

Einer meiner Freunde zeigte mir eines Tages eine ausgesprochen hübsche Blondine, in die er heillos verliebt war. »Wie hast du sie gefunden?« fragte ich ihn. Er sagte, das sei sehr leicht gewesen. Er schrieb nur die genauen Eigenschaften auf, die er sich an einer Frau wünschte, machte sich in seiner Vorstellung ein Bild von ihr, hielt es sich jeden Tag vor Augen, bis sie eines Tages »auftauchte«.

In New York City lernte ich einmal einen großartigen Mann kennen, zu dem ich noch heute eine gute Beziehung habe. Ich war zu Besuch bei Freunden, die einige meiner Bücher verkauften, und kam gerade – eingehüllt in Handtücher – aus der Dusche. Da kam dieser Mann vorbei, um ein Buch zu kaufen. Ich schaute ihn an und er schaute mich an, und augenblicklich hatten wir eine Verbindung hergestellt. Als wir später miteinander ausgingen, erzählte er, daß er schon geraume Zeit damit verbracht hatte, sich »mich vorzustellen«, wie ich bin , und wie er mir begegnen würde. Er hatte sich immer wieder auf das Foto der Rückseite meines ersten Buches konzentriert. Er wußte nicht, wie oder wann er mir begegnen würde, doch er war völlig sicher, daß es möglich sei und irgendwann geschehen würde. Daß ich an diesem Tag in der Stadt war, wußte er nicht. Doch da standen wir uns mit einem Mal gegenüber, in einem kleinen Flur.

Sie sehen, Imagination funktioniert!

Was Sie von sich denken, was Sie über sich sagen, was Sie über sich selbst für wahr halten – das wird sich manifestieren.

Wie ein Mensch in seinem Herzen denkt, so ist er.
(Sprüche Salomons)

Es ist ein universelles Gesetz, daß wir das erschaffen, was wir für wahr halten: Der Denkende ist kreativ. Wenn Sie also ständig denken »Ich bin völlig fertig!«, dann werden Sie es auch tatsächlich bleiben. »Aber ich bin wirklich total am Ende«, werden Sie einwenden. Die Antwort darauf lautet, daß Sie sich entschließen müssen, das Bild zu ändern, das Sie von sich haben, durch Imagination und durch Affirmationen.

Imagination ist etwas so zu sehen, wie Sie es haben möchten. Nehmen Sie sich jeden Tag die Zeit, gedankliche Bilder Ihres idealen Ich zu erstellen, dann wird Ihr Unterbewußtsein allmählich dieses Ideal in die Wirklichkeit umsetzen. Fangen Sie noch einmal von vorn an, sich selbst zu sehen. Fangen Sie an, sich *neu* zu sehen, sich *geheilt* zu sehen. Und stellen Sie sich vor, wie das wäre. Sehen Sie Ihre Beziehungen genau so, wie Sie sie sich wünschen, alle wunderbar geheilt und vollkommen intakt. Sehen Sie sich jung, schön, erfolgreich und emotionell wie körperlich gesund.

Wenn Sie Schwierigkeiten haben, sich Dinge auszumalen, dann vielleicht, weil man Ihnen als Kind gesagt hat, Tagträumen sei schlecht. Nun, Tagträume über Erfolg und Glück sind nicht nur nicht schlecht, sondern sogar ausgesprochen gut für Sie!

Die Sportlerwelt hat das Imaginieren schon sehr erfolgreich eingesetzt. Golfer verbringen Stunden damit, sich die vollkommenen Schläge vorzustellen, und wenn sie auf den Golfplatz gehen, scheint der Erfolg ganz natürlich. Genauso haben sich Skiläufer vorbereitet.

Imaginieren ist eine recht angenehmer Zeitvertreib und dazu bringt es wirklich schöpferisch Ergebnisse hervor.

Eine andere Möglichkeit der Imagination dessen, was Sie sich wünschen, ist eine Schatzkarte anzulegen, ein optisches Hilfsmittel, das es Ihnen erleichtert, sich vorzustellen, was Sie in realer Form erleben möchten. Schneiden Sie Bilder aus, die das gewünschte Ideal darstellen, und kleben Sie diese Bilder zusammen zu einem farbigen Plakat. Bringen Sie auf diesem Plakat auch den »kosmischen Satz« an:

DIES ODER ETWAS BESSERES
REALISIERT SICH JETZT FÜR MICH
AUF VÖLLIG HARMONISCHE WEISE
UND ZUM SEGEN FÜR ALLE BETROFFENEN

21. Kapitel

Lernen Sie ein Mantra zu verwenden

Einmal, nachdem ich mich von einem Mann getrennt hatte, den ich sehr liebte, machte ich mich verrückt, weil ich ständig an ihn dachte. Alles, was ich damals denken konnte, drehte sich um ihn. Und jedesmal, wenn ich daran dachte, spürte ich den Schmerz. Je mehr ich versuchte, nicht an ihn zu denken, um so mehr dachte ich an ihn. Nichts schien zu helfen. Es war, als ginge er mir nie mehr aus dem Kopf. Das Problem wurde schlimmer und schlimmer. Es kam mir vor, als sei ich unfähig, überhaupt noch irgend einen anderen Gedanken zu haben.

Zufällig war ich unterwegs nach Campbell Hot Springs, und dort war Diane Hinterman. Wir krabbelten zusammen ins Bett und unterhielten uns die ganze Nacht. Sie erzählte mir Geschichten von Indien und Babaji, und ich war ganz aufgeregt. Gelinde gesagt etwas verlegen, kam ich endlich dazu, ihr zu schildern, wie ich einzig und ununterbrochen über die immer gleichen Gedanken grübelte. Ihre einfache Antwort war, ich solle jedesmal, wenn mir Gedanken an diesen Mann und unsere Beziehung kamen, ein Mantra sagen. Ich habe es versucht, und es hat geklappt. Heute bin ich übrigens sehr froh, daß es damals so geendet hat.

Denken Sie, sooft Sie können an Gott, besonders, wenn Ihre Beziehung schlechter wird. Von Emmet Fox stammt eine einfache Technik, genannt »Der goldene Schlüssel«, die wunderbar funktioniert: Jedesmal, wenn Sie sich dabei ertappen, daß Ihre Gedanken um ein Problem in Ihrem Leben kreisen, halten Sie ein und denken Sie statt dessen an Gott. Bedenken Sie, daß eines der wichtigen Gesetze des Universums lautet: »Das, woran Sie denken, wird immer größer.« Denken Sie über ein Problem lange nach, dann wird das Problem größer und schlimmer. Verweilen Sie mit Ihren Gedanken jedoch bei Gott, dann sind Sie von Gott erfüllt.

Wenn Sie keine Vorstellung von Gott haben, die Ihnen hilft, dann versuchen Sie es doch einmal mit einem *Mantra* – das sind Worte oder Silben, die Sie sprechen, singen, wiederholen, so daß der Klang Ihr Denken beruhigt. Das von Babaji gelehrte Mantra heißt OM NAMAHA SHIVAYA, das viele Bedeutungen hat. Mir gefällt die folgende Übersetzung am besten. Sie heißt »Unendliches Wesen, Unendliche Intelligenz, und Unendliche Manifestation«. Das Rezitieren eines Mantras befreit Sie von gewohnten, negativen Gedankenmustern und bringt Ihnen Friede und Freude.

Eine Affirmation ist wie ein Mantra. Wenn Sie für sich selbst eine Bejahung wiederholen wie: »Ich steigere meine Bereitschaft, mich lieben zu lassen«, so ist das sehr wirkungsvoll und trägt Sie empor.

22. Kapitel

Die richtige Einstellung

Eines Abends führten Bill Chappelle und ich in einem Hotel in San Francisco ein Training durch. Wir klagten beide über so manches. Ich kann mich nicht einmal erinnern, wie die Situation genau war, doch wir gerieten irgendwie in eine gedrückte Stimmung. Ich sagte: »Hör mal, Bill, Kyle meint, ich soll dieses Buch unbedingt lesen, warum tun wir das nicht gleich jetzt? Ich lese es dir laut vor.« Er antwortete: »Großartig.« Die Stimmung konnte praktisch nur noch besser werden, gleich was wir anfingen, so mies war sie. Am Ende blieben wir die ganze Nacht auf und lasen uns das Buch abwechselnd vor. Unsere ganze Haltung änderte sich völlig. Wir waren so aufgekratzt, daß wir nicht schlafen konnten. Wir schwebten auf Wolken!

Beobachten Sie Ihre Einstellung.

Das feine kleine Buch »The Door to Everything«, lanciert von Ruby Nelson, spricht über die »erhebenden« Einstellungen. Diese Geisteshaltungen bringen Ihnen gute Beziehung und werfen Sie mit einem Mal mitten in ein rundum großartiges Leben hinein. Diese erhebenden Geisteshaltungen sind *Liebe, Lob und Dankbarkeit*. Wenn Sie diese Einstellung ausstrahlen, werden Sie mit Leichtigkeit all die wundervollen Freunde und Partner anziehen, die Sie sich je wünschten.

Wenn Sie danken für all das Gute, das Sie schon haben, dann ziehen Sie immer mehr Gutes in Ihr Leben. Die meisten Menschen verbringen viel Zeit damit, sich auf das zu konzentrieren, was sie nicht haben. Immer wenn ich mich über einen längeren Zeitraum auf einen Mangel konzentriert habe, brachte mir das nur Kummer. Catherine Ponder*, die das Prinzip der Danksagung beschreibt, sagt, daß Ihr höchstes Gutes bereits auf Sie wartet, selbst wenn Sie es jetzt noch nicht merken.

Danken Sie dafür, daß es Ihren vollkommenen Partner schon irgendwo im Universum gibt, und geben Sie zu, daß Sie bisher nur noch nicht bereit waren, ihn zu akzeptieren. Gott ist dann bereit, wenn Sie es auch sind.

Die Quelle sprudelt, weil Sie davon nehmen – weil der Gebende durch das Geben wächst. Blocken Sie also nicht ab, was Sie verdient haben, auch die Liebe nicht, die für Sie da ist. Ebenso sollten Sie wissen, daß, wenn Sie etwas verlieren, es ohnedies nicht mehr zum besten für Sie war, und daß die Quelle sich den Weg bahnt, um Ihnen etwas noch Besseres zufließen zu lassen.

Konzentrieren Sie sich auf Verlust, dann verlieren Sie noch mehr. Danken Sie für das, was Sie haben, dann bekommen Sie noch mehr.

Ich versuche, stets den Standpunkt einzunehmen, daß alles richtig ist, wie immer es auch kommt. Selbst wenn es zunächst ungünstig zu sein scheint, so weiß ich doch immer, daß darin eine Lektion enthalten ist; und damit ich die lernen kann, mußte es so kommen. So gelingt es mir, alles in einen »Gewinn« umzuwandeln. Diese Einstellung verliere ich nie, und so bleibe ich glücklich.

---

* Von ihr erschienen im Verlag PETER ERD:
»Ihr Weg in ein beglückendes Leben«
»Die dynamischen Gesetze des Reichtums«
»Die Heilungsgeheimnisse der Jahrhunderte«
»Bete und werde reich«

23. Kapitel

Die »Fünf«, die Sie im Griff haben müssen

Dies ist wahrscheinlich eines der wichtigsten Kapitel in diesem Buch. Lesen Sie es sehr genau und denken Sie über diese Ideen lange und eingehend nach.

Bevor mir diese Kenntnisse bewußt waren, verlief mein Leben einfach nicht zufriedenstellend. Nachdem Sie mir bewußt wurden und ich damit umzugehen begann, veränderte sich mein Leben zum Positiven hin. Muß ich noch mehr sagen? Ich bin sicher, daß jeder Rebirther mir zustimmen würde, ebenso wie jeder Mensch, der Klarheit über diese Punkte gewonnen hat. Zu Ihrem eigenen Nutzen bitte ich Sie, über dieses Kapitel nicht leichtfertig hinwegzusehen. Denken Sie darüber nach. Unternehmen Sie gleich etwas Entsprechendes. Sie werden unendlich erleichtert sein, wenn Sie es tun.

Die »Fünf Großen« sind negative Bewußtseinsfaktoren, die die meisten Menschen beeinflussen und sie davon abhalten, Glückseligkeit zu erfahren. Sie wurden hervorragend von Leonard Orr entwickelt. Ich habe sie besonders auf Beziehungen in unserem Training abgestimmt. Die »Fünf Großen« sind:

1. Das Geburtstrauma
2. Das elterliche Mißbilligungs-Syndrom
3. Persönliche Negativa
4. Der unbewußte Todeswunsch
5. Frühere Leben

Darüber, wie die *Geburt* Ihre Beziehungen beeinflußt, haben wir schon an anderer Stelle in diesem Buch ausführlich gesprochen.

Beim *elterlichen Mißbilligungs-Syndrom* handelt es sich darum, wie Eltern ihre Kinder auf die gleiche Weise herabsetzen, wie sie es von ihren eigenen Eltern gewohnt waren. Dadurch wird der Geist des Kindes verletzt, das Kind verliert sein Selbstwertgefühl und gibt seine Macht her. Wir wachsen auf und sind so an die Mißfallensäußerungen gewohnt, daß wir unbewußt ein Muster aufbauen; unsere Partner brauchen dieses Spiel nur fortzusetzen. Dieses Syndrom alleine zerreißt uns schon. Wir fühlen uns stets durch die von uns geschaffenen Mißbilligungen verletzt. Unsere Partner werden zu den nörgelnden Eltern, und schließlich lassen wir uns von unseren »Eltern« scheiden. Im Training verwenden wir sehr viel Zeit damit, das Bewußtsein der Teilnehmer vom elterlichen Mißfallens-Syndrom zu befreien. Dies geschieht, soweit möglich, schon am ersten Tag, damit am nächsten Tag Raum ist, eine neue Art der Beziehung und der Liebe zu schaffen. Zunächst säubern wir das Haus und dann schmücken wir es, und beides macht Spaß.

Persönliche Negativa sind negative Gedankenformen, die Sie über sich selbst und das Leben haben. Diese beeinflussen ständig Ihre Beziehungen. Haben Sie zum Beispiel schon von Geburt an einen negativen Gedanken, ist leicht zu erkennen, wie der Gedanke Ihr gesamtes Leben beeinflußt. Wir haben schon erfahren, wie Affirmationen solche negativen Programmierungen klären können.

Ein *persönliches Gesetz* ist Ihr negativster Gedanke über sich selbst. Stellen wir uns einmal vor, Ihr negativster Gedanke sähe so aus: »Ich bekomme nie das, was ich mir wirklich wünsche.« Auf dieser Einstellung haben Sie verständlicherweise viele negative Überzeugungen aufgebaut.

Das Schlimme an diesem persönlichen Gesetz ist, daß Sie unbewußt einen telepathischen Befehl ans Universum geben, ob Sie nun etwas sagen oder nicht. Im obigen Fall hieße das: »Leute! Gebt mir nicht, was ich mir wünsche!« Die anderen Menschen müssen sich Ihnen gegenüber entsprechend verhalten. Wußten Sie nicht, daß dieses persönliche Gesetz besteht (und die meisten Menschen sind sich dessen nicht bewußt), dann wundern Sie sich vielleicht, warum andere bekommen, was sie sich wünschen, Sie aber nicht.

Es ist äußerst wichtig zu begreifen, wie *der unbewußte Todeswunsch* Ihre Beziehungen beeinflußt. Die meisten Menschen glauben, es gäbe etwas außerhalb von ihnen, das sie umbringen wolle. Wir sind endlich genügend erleuchtet, um die Verantwortung zu übernehmen und die Wahrheit zu erkennen, daß *jeder Tod Selbstmord* ist. Erkennen Sie das Gesetz wirklich an, daß der Denker seine Gedanken erschafft, dann wissen Sie, daß Sie den Gedanken an einen unvermeidlichen Tod verändern können in: »Ich kann meinen Körper behalten, so lange ich dies wünsche, und ich kann meinen Zellen sagen, jünger anstatt älter zu werden.«

Erleuchtet zu werden, steigert Ihre Energie enorm, und diese Energie gibt all Ihren Gedanken mehr Kraft. Geben Sie den Gedanken auf, der Tod sei unvermeidlich, oder all die aufgebaute Energie wird dazu führen, daß Sie sich schneller umbringen. Viele große Menschen starben jung, weil sie unfähig waren, das zu begreifen.

In einer sterblichen Beziehung sind Sie stets mit der Nabelschnur des Todes verbunden. Sie sorgen sich ständig, daß Ihr Partner sterben und sie alleine lassen könnte, vielleicht sogar, daß sie alleine sterben könnten. Schmerzen und Trennung stehen nahe bevor, Furcht oder sogar Horror vor der Hingabe sind da, und der Tod liegt auf der Lauer. Wenn Sie entscheiden, daß Sie schon einem Gott nicht vertrauen können, der Sie schließlich doch zerstört, dann haben Sie um so weniger Veranlassung, anderen Menschen zu trauen, und dazu gehört auch Ihr eigener Partner. Dem liegt häufig die Einstellung zugrunde: »Wenn ich sterben muß, dann sorge ich dafür, daß er oder sie auch stirbt.« So kann der Todeswunsch Ihres Partners Sie beeinflussen, oder umgekehrt. Zwei Menschen, die in Schmerz, Kummer und Leid gemeinsam auf das Grab zugehen, ist nicht, was ich mir unter einer liebevollen Beziehung vorstelle.

In einer unsterblichen Beziehung sieht das Leben ganz anders aus. Es beginnt mit der Voraussetzung, daß Sie immer füreinander da sind, daß Ihre Beziehung für die Ewigkeit ist, wenngleich sie ständig andere Formen annimmt. Vielleicht besteht sie einige Jahre lang in einer Form und eine Zeitlang in einer anderen; doch sie bleibt stets erhalten und ist heilend und liebevoll. Daher gibt es keine Furcht vor Hingabe. Ein

Wohlgefühl breitet sich aus. Glückseligkeit, Frieden, Freude und Glück sind überreichlich vorhanden.

Frühere Leben üben manchmal einen starken negativen Einfluß auf unser jetziges Leben aus. Brauchen Sie besondere Hilfe, dann können Sie mit Hilfe von Reinkarnationstherapeuten frühere Leben aufarbeiten. Wir haben jedoch herausgefunden, daß, wenn Sie alles in diesem Leben in Ordnung bringen und dabei bis zum Augenblick der Empfängnis zurückgehen (während des Rebirthing ist es möglich, sich an die Empfängnis zu erinnern), dies normalerweise von früherem Karma befreit, über das Sie sich vielleicht Gedanken gemacht haben.

24. Kapitel

Nutzen Sie Ihre Beziehungen zur Erleuchtung

Nach meiner Scheidung und nachdem ich mehrmals »verletzt« worden war, beschloß ich, daß es wohl besser sei, Beziehungen zu meiden. Sie schienen mich zu zerstören. Und ich erkannte auch, daß viele meiner Freunde die gleiche Entscheidung getroffen hatten. Vielleicht war es auch bei Ihnen so, nachdem jemand Ihr Herz gebrochen hat und Sie sich wegen einer Beziehung zerschlagen, verletzt, enttäuscht, niedergeschmettert, vernichtet, finanziell ruiniert, gefühlsmäßig fast tot und wie ein nervöses Wrack fühlten.

Damals wußte ich nicht, wie ich Beziehungen nutzen konnte, um Erleuchtung zu erfahren und mich selbst zu heilen. Um ehrlich zu sein, ich wußte eigentlich überhaupt nicht, was los war. Jetzt, da ich es weiß, kann nur noch ich selbst mich verletzen. Ich weiß, wenn ich mich verletzt fühle, daß es noch etwas gibt, das noch zu klären ist. Ich weiß, wenn mich ein Mann verläßt, kommt ein noch besserer. Ich weiß, es gibt einen neuen Weg, mit einer Beziehung so umzugehen, so daß ich *immer* Frieden und Freude und Erleuchtung erfahre, ganz gleich, *was* auch geschieht. Sie können auch zu diesem Ergebnis gelangen. Sie und Ihr Partner können lernen, das Größte an Freude und Gewinn aus Ihrer Beziehung zu ziehen, gleich, wie diese Beziehung aussieht. Sie können sich sogar trennen und sich dabei gut fühlen. Sie können *genau das* von einer Beziehung bekommen, was Sie sich wünschen.

Ihr Partner bringt stets Ihre Programmierungen an die Oberfläche. Vermeiden Sie keinesfalls Beziehungen, sie sind die besten Seminare, die es gibt. Die Wahrheit sieht so aus, daß *Ihr Partner Ihr Guru ist,*, denn er hilft Ihnen, sich zu heilen, Sie sollten also Ihrem Partner stets dankbar sein, daß er Ihnen diesen Dienst erweist. Denken Sie daran, Sie selbst haben diesen Partnern in Ihr Leben gezogen. Ärgern Sie sich also nicht, wenn eine Schwierigkeit auftaucht.

Sie könnten den großartigsten Partner überhaupt haben und doch so programmiert sein, daß Sie nicht gewinnen. Es ist sehr wichtig, Ihre Beziehung auf eine Gewinn-Basis zu stellen. Sie müssen sich schon sehr mögen, um sich selbst ständig gewinnen zu lassen. Die meisten Menschen dagegen bestrafen sich selbst, und es ist leicht, eine Beziehung dazu zu benutzen, zu beweisen, daß man nichts taugt. Doch dieselbe Beziehung kann die vollkommene Gelegenheit für Sie sein, Ja zum Leben und zur Gesundheit zu sagen. Die Möglichkeit dazu ist immer vorhanden, es liegt an Ihnen, was Sie daraus machen.

Auch Ihre Ergebnisse sind Ihr Guru. Schauen Sie sich um und Sie erkennen in jeder Sekunde an den Ergebnissen, wie Ihr denkendes Gemüt auf jeder Ebene funktioniert. Kinder reflektieren ganz eindeutig Ihren Bewußtseinszustand, sie bringen ständig das Unterbewußtsein ihrer Eltern zum Ausdruck. Wenn Ihre Kinder in Ihrer Umgebung schreien und brüllen, dann schreien Sie keinesfalls zurück, sondern gehen Sie in ein anderes Zimmer, um herauszufinden, welcher Teil Ihrer negativen Energiemasse über die Kinder freigelassen werden soll. *Kinder sind Ihr Guru*, und Eltern, die dies wissen, gehen wunderbar mit ihren Kindern um. Kinder spiegeln stets die negativen Seiten der Eltern wider, so daß sie um so klarer erkannt werden können.

Denken Sie daran, in Gegenwart des anderen stehen Sie immer in Beziehung zu sich selbst. Machen Sie sich dies klar und danken Sie dem anderen, daß er Ihnen als Spiegel dient. Eine Definition einer liebevollen Beziehung, die mir gefällt, lautet: »Wenn ein Partner die Liebe des anderen zu sich selbst nicht stört« (Kyle Os).

25. Kapitel

Geben Sie einander Freiraum

Einmal spielte ich mit dem Gedanken, ein Haus zu entwerfen, das eine gesunde Beziehung fördern würde. Zu meiner eigenen Überraschung fiel mir dazu ein Haus ein, mit einem gemeinsamen Schlafzimmer, in dem das Paar gemeinsam schlafen konnte, und auf jeder Seite für ihn und sie ein privates Heiligtum, wieder mit einem Bett, so daß beide sich zurückziehen konnten. Niemand sonst durfte diesen Raum betreten. Das war ein ganz privates Zimmer. Für mich wäre das natürlich ideal. Ich könnten in diesem Raum meine Bücher schreiben, und niemand würde mich dort stören. Ich denke, jeder sollte einen Ort haben, an dem er *völlig* für sich sein kann. Denken Sie darüber nach.

Es ist wichtig, eine Beziehung so aufzubauen, daß jeder der Partner Zeit für sich hat, ohne daß der andere sich zurückgesetzt oder verletzt fühlt. Auf diese Weise kann man seine Unabhängigkeit und Kreativität behalten, ohne daß sich heimliche Abneigung entwickelt. Unsere wichtigste Aufgabe ist, sich selbst jeden Tag Zeit mit dem Schöpferischen Ursprung einzuräumen; unglücklicherweise neigen die Menschen jedoch dazu, dies, wenn überhaupt, erst zuallerletzt einzuplanen. Da Sie grundsätzlich ein ethisches Wesen sind, wird Ihr Durst nach Gott und Ihr Hunger nach spiritueller Nahrung so groß sein, daß Sie vielleicht einen Partner loswerden wollen, der Sie von diesem höchst schöpferischen göttlichen Zustand fernhält.

Sie brauchen jedoch niemanden loszuwerden, um Freiraum zu haben, Sie müssen sich diesen Freiraum lediglich schaffen. Planen Sie Ihre Beziehung gleich zu Beginn, dann ist es ganz natürlich, gewisse Stunden des Tages oder der Woche allein zu verbringen. Gelingt es

Ihnen, mit sich alleine zu leben, dann können Sie auch mit anderen leben.

Jeder von uns besitzt Fähigkeiten, die er zum Ausdruck bringen möchte. Talente haben keinen Wert, sicherlich auch nicht für Sie, wenn Sie sie nicht nutzen. Sie würden sich dafür hassen, etwas zu versäumen, und es vielleicht an Ihrem Partner auslassen.

Sie brauchen nicht in ein anderes Land zu reisen, um alleine zu sein; die Entfernung spielt dabei keine Rolle. Es ist gut, ein Zimmer für sich alleine zu haben, doch sollte das nicht möglich sein, können Sie immer noch am frühen Morgen einen Spaziergang unternehmen oder in einem Park oder einer Kirche sitzen. Wenn ich reise, habe ich häufig keinen Ort, an dem ich allein sein kann. Dafür habe ich verschiedene Lösungen gefunden. Manchmal stehe ich um vier Uhr morgens auf und genieße alleine den Sonnenaufgang. Das Badezimmer ist ein guter Platz zum Alleinesein, denn die Menschen respektieren meist diese Privatsphäre. Ein langes Bad zu nehmen, ist eine wunderbare Gelegenheit, alleine zu sein und zu meditieren. Am liebsten bin ich unter Wasser alleine und atme durch einen Schnorchel in der Badewanne. Wenn ich reise, habe ich immer einen Schnorchel in meiner Reisetasche. (Diese Art des Rebirthing in Wasser sollte man jedoch erst selbst versuchen, wenn man normales Rebirthing mit einem Rebirther gemeistert hat.)

Für manche Menschen ist das Alleinsein erschreckend, denn sie haben Angst vor ihren eigenen Gedanken, vor Gott und dem Tode. Sind Sie sich jedoch erst einmal klar darüber, daß Sie Ihre Gedanken durch Affirmationen verändern können und daß es keine äußere Quelle gibt, die Sie töten könnte, dann ist das Alleinesein wunderbar.

Ich kam für mich zu einer Klärung, indem ich mich vier Tage und Nächte in einem Raum einschloß. (Sie brauchen nicht nach Indien reisen, um sich selbst zu finden.) Bewußt wählte ich einen einsamen Ort auf einer Insel, ohne Zimmerservice und ohne Telefon. Ich nahm keine Nahrung zu mir, nur ein wenig Saft. Ich hatte kein Fernsehen, keine Illustrierten, kein Radio, nicht einmal Schreibzeug.

Am ersten Tag saß ich nur auf dem Bett und beobachtete, wie alle meine negativen Gedanken Amok liefen. Es war, als säße ich in einer

Grube voll Abfall. Am zweiten Tag wurde mir ein Mantra gegeben, das ich rezitierte. Dies brachte sehr viele Haßgefühle hoch, die ich seit meiner Kindheit angesammelt hatte – Haß auf Gott, der die Menschen tötet (so kam mir das vor), und ganz besonders, weil er meinen Vater umgebracht hatte.

Schließlich fand ich eine Affirmation: »Ich vergebe mir selbst allen Haß auf Gott, für das, was ich mir selbst antat, und das, was andere sich antaten.« Ich bereinigte meine Beziehung zu Gott. Am nächsten Tag trat ich in einen meditativen Zustand ein. Das war so angenehm, daß ich zu der Zeit die meiste Freude nur kurze Zeit ertragen konnte.

Seit dieser Vier-Tage-Erfahrung bete ich häufig und spreche laut mit Gott, wenn ich alleine bin. Dies ist sehr wirkungsvoll, und auch sehr gefühlvoll, wie ich hinzufügen möchte. Beim Beten sprechen wir zu Gott und in der Meditation spricht Gott zu uns. Man fühlt sich gut, wenn man in einem ständigen Zustand von Gebet und Meditation ist.

26. Kapitel

Geben Sie sich hin

Als ich mit Rebirthing begann, lernte ich sehr bald, daß die Antwort auf alles darin liegt, sich völlig hinzugeben. Ich konnte sehen, daß die Menschen, die sich hingaben, diejenigen waren, die Glückseligkeit erfuhren, während diejenigen, die sich sperrten, Schmerzen erlitten. So ist das Leben, und so sind auch Beziehungen. Ich erinnere mich, daß Leonard mir einmal sagte, daß Menschen, die die Fähigkeit besäßen, sich ganz fallenzulassen, während des Rebirthing nicht gelähmt wären. Ich war niemals wie gelähmt, obwohl ich einige Male sehr nahe dran war. In diesen Momenten sagte ich mir immer wieder: »Ich gebe mich hin. Ich höre auf, Gott zu widerstehen«. Ich habe herausgefunden, daß in einer Beziehung völlige Hingabe schwierig ist, es sei denn, man ist fähig zu bedingungsloser Liebe und bedingungslosem Vertrauen und ich habe auch bemerkt, daß es leichter ist, sich jemandem anzuvertrauen, der selbst seine »fünf Großen« verarbeitet hat und positiv denkt. Fühlt man sich wirklich sicher, dann ist es leichter, sich hinzugeben. Sie müssen natürlich die Sicherheit in Ihrem eigenen denkenden Gemüt schaffen. Dies ist leichter möglich mit einer sicheren und liebevollen Person.

Meditieren Sie über das Wort *Hingabe:*

Hingabe
sich Gott hingeben
sich dem Partner hingeben
sich dem höchsten spirituellen Gedanken hingeben

Hingabe ist keine Verhaltensform, sondern Offenheit und die Bereitschaft zu empfangen.

Hingabe heißt, die Kontrolle aufgeben, aber nicht die Macht verlieren, noch die eigene Macht einem anderen Menschen geben; im Gegenteil, es ist ein Akt, der die eigene Macht verstärkt. Das hängt damit zusammen, daß Sie, wenn Sie bereit sind zu empfangen, mehr Liebe aufnehmen, und damit empfangen Sie auch mehr Unabhängigkeit, mehr Freiheit und mehr von Gott. Macht entspringt der Liebe, der Sicherheit und der Hingabe an Gott.

Die Menschen haben manchmal Schwierigkeiten, zu verstehen, daß eine Beziehung Freiheit bringen kann. Die Furcht davor, eingefangen und erdrückt zu werden, kommt meist aus dem Geburtstrauma. Eine liebevolle Beziehung kann helfen, das Geburtstrauma zu heilen, weil die Liebe das Trauma ans Tageslicht holt. Sie können sich auch aufgrund der eigenen Gedanken gefangen oder erdrückt fühlen. Eine Beziehung wird diese Gedanken heilen, weil sie an die Oberfläche gebracht und der Liebe ausgesetzt werden. Wann immer Sie Gedanken des Todes und der Negativität aufgeben, fühlen Sie sich freier und freier. Es kann sein, daß sie nie auftauchen, außer wenn Sie jemandem erlauben, Sie tief und aufrichtig zu lieben.

Mit anderen Worten, nur wahre Freiheit ist Freiheit von Tod und Negativität. Da die Liebe in einer Beziehung Sie von solchen Dingen heilen wird, wenn Sie es zulassen und dieses Spiel richtig spielen, folgt daraus, daß eine Beziehung eher befreiend als einengend sein kann.

Je mehr Negativität ich aufgebe, um so freier bin ich.

Die Liebe in einer Beziehung hilft mir immer, Negativität freizulassen, und deshalb bin ich freier.

27. Kapitel

»Erste Hilfe« für Ihre Partnerschaft

Manchmal dachte ich, daß ich in der Schule nur die falschen Dinge gelernt hätte. Niemand lehrte mich je etwas über Beziehungen: Wie man einen Partner wählt, wie man mit Enttäuschungen umgeht, was man von einer Ehe zu erwarten hat, was zu tun ist, wenn alles verrückt spielt, wie man eine Scheidung verhindert, wie man mit Sex und/oder Sexproblemen umgeht, wie man klug seine Kinder großzieht und all diese Dinge, die ich später wirklich gebraucht hätte. Als ich als Erwachsene in diesen Fragen Hilfe suchte, war es so, als hätten die Blinden die Blinde geführt. Wie sehr wünschte ich mir, Unterricht in diesen Fächern gehabt zu haben, anstatt all die Stunden in Chemie, die mir kein bißchen nützlich waren! Es schien so unsinnig, daß die Menschen eine Lizenz brauchen, um ein Auto zu fahren, wogegen keine Lizenz erforderlich ist, um Eltern zu werden, selbst wenn jemand für Kindererziehung völlig ungeeignet ist. Ich fragte mich, wie die Welt wohl aussehen würde, wenn jeder mindestens bis 25 warten müsse, um zu heiraten, und wenn jeder Kurse in »erleuchteter« Kindererziehung belegen und Prüfungen bestehen müßte, bevor man ihm erlaubt, ein Kind zu haben.

Nun, das Maximale, was ich erwarten konnte, waren Hinweise aus »Erste-Hilfe«-Techniken, um Beziehungen zusammenzuflicken, und nicht einmal die konnte ich irgendwo finden. Doch nachdem meine Ehe zerbrach und ich geschieden wurde, mein Haar auszufallen begann und ich mich selbst umbringen wollte und niemanden fand, der mir so half, daß es irgendeinen Sinn ergab, beschloß ich, daß ich all dies wohl selbst herauszufinden hätte. Und ich meine, daß ich dies auf meine eigene Weise getan habe. Es war jedoch ein Kampf – und die Zeit kann ich Ihnen ersparen. Das möchte ich wirklich. Vielleicht muß ich noch eine Menge mehr durchmachen, bevor ich den leichteren Weg herausfinde.

Was ist zu tun, wenn es aussieht, als würde Ihre Beziehung zerbrechen, aber Sie beide möchten zusammenbleiben und möchten, daß Ihre Beziehung funktioniert.

Als erstes sollten Sie sich daran erinnern, daß die Beziehung schon *funktioniert*, wenn Sie zusammenbleiben wollen, aber vorübergehend in einer schwierigen Situation festhängen. Sie wissen jetzt bereits, daß das, was zwischen Ihnen beiden geschieht, dazu dient, um Sie von etwas zu heilen. Die zwischen Ihnen bestehende Liebe drängt negative Gedankenmasse an die Oberfläche. Mit anderen Worten könnte man sagen, daß Ihre Muster einander entsprechen. Anstatt sich nun gegenseitig anzuschreien und zu brüllen, sollten Sie eine der folgenden Möglichkeiten wählen:

1. Konsultieren Sie jemanden, dem Sie vertrauen.
2. Nehmen Sie Kontakt auf mit dem Rebirther in Ihrer Nähe und vereinbaren Sie einen Termin.
3. Schreiben Sie alle Ihre negativen Gedanken auf und verwandeln Sie sie in Affirmationen.
4. Machen Sie sich bewußt, was Sie dem anderen alles vorwerfen. Denken Sie daran, daß Beschuldigungen immer am Thema vorbeigehen. Alle Mißbilligungen entspringen einer Ecke Ihres eigenen denkenden Gemütes; Ihr Partner ist Ihr Spiegel. Was wird damit über Sie ausgesagt? Wie haben Sie dies hervorgebracht? Wie haben Sie es angezogen?
5. Denken Sie daran, daß die Liebe alles ans Tageslicht bringt, was ihr nicht gleicht. Gehen Sie nicht fort, bevor Sie nicht wenigstens das zugrunde liegende Muster erkannt haben, sonst schaffen Sie die gleiche Situation wieder mit dem nächsten Partner.
6. Gehen Sie mit Ihrer Wut in einer für Sie geeigneten Weise um.
7. Denken Sie daran, daß Sie niemals aus dem Grund ärgerlich sind,

den Sie vermuten. Knüpfen Sie Kontakt mit der früheren Situation, die Sie jetzt erneut leben.

8. Legen Sie sich hin und umarmen Sie einander. Können Sie nicht miteinander reden, *lassen Sie es sein*, halten Sie sich gegenseitig und atmen Sie sanft.

9. Haben Sie sich beruhigt, teilen Sie alle Gefühle mit, eines nach dem anderen. Einer spricht, der andere hört, ohne zu unterbrechen, zu.

10. Wiederholen Sie das Training für Liebevolle Beziehungen noch einmal oder nehmen Sie an einem Training für Fortgeschrittene teil.

Ist Ihr Partner mit einer anderen Frau oder einem anderen Mann zusammen, und Sie beschuldigen die beiden, *hören Sie damit auf.* Setzen Sie sich alleine hin und gestehen Sie sich die Wahrheit ein. Versuchen Sie, mit den folgenden Formulierungen, die Sie auf einen Bogen Papier schreiben, herauszufinden, wie viele dieser Dinge Ihnen zu jedem Punkt einfallen.

1. Die Gründe, warum ich diese Situation angezogen habe, sind...
2. Dieses Durcheinander zahlt sich für mich aus durch...
3. Was ich mir damit beweisen will, ist...
4. Der andere repräsentiert für mich...
5. Die Gründe, warum ich insgeheim wünsche, daß mein Partner sich so verhält, sind...
6. Die Gedanken, die ich gedacht habe, um dies hervorzubringen, sind...
7. Um mit meiner Eifersucht fertig zu werden, muß ich folgende Gedanken denken:...

Da Ihr Partner Ihr Spiegel ist, ist es möglich, daß Sie insgeheim selbst mit einem anderen Partner gehen möchten. Vielleicht verübeln Sie dem anderen die Freude, die Sie sich selbst nicht gönnen. Oder vielleicht ziehen Sie den anderen als eines Ihrer Geschwister an, das die Aufmerksamkeit Ihrer Eltern von Ihnen ablenkte (z. B. wenn Sie Ihren Partner als ein Elternteil ansehen).

Bricht die Beziehung trotz allem, was Sie unternommen haben, auseinander, und Ihr Partner verläßt Sie, dann denken Sie daran: Sie verlieren niemals irgend etwas oder irgend jemanden, der zu Ihrem Allerbesten mit Ihnen zusammen war – unter keinen Umständen. Sollte es so aussehen, daß Sie jemanden verloren haben, dann diente dieser Mensch nicht Ihrem Besten.

Die beste Nachricht von allen ist die: Nichts wird Ihnen je weggenommen, ohne daß es durch Größeres zurückerstattet wird. Gott versucht, Ihnen etwas Besseres zu geben, also *lassen Sie los*. Sie müssen ein Vakuum schaffen, um das Neue in Empfang zu nehmen.

ALLE VERLUSTE
SIND VERKANNTE GEWINNE

Arbeitsblatt Affirmationen

Meine negativsten Gedanken über Beziehungen sind:

Meine negativsten Gedanken über mich selbst sind:

Meine negativsten Gedanken über Männer sind:

Meine negativsten Gedanken über Frauen sind:

Meine neuen Affirmationen über Beziehungen sind:

Meine neuen Affirmationen über mich selbst sind:

Meine neuen Affirmationen über Männer sind:

Meine neuen Affirmationen über Frauen sind:

TEIL ZWEI

Mehr über Beziehungen

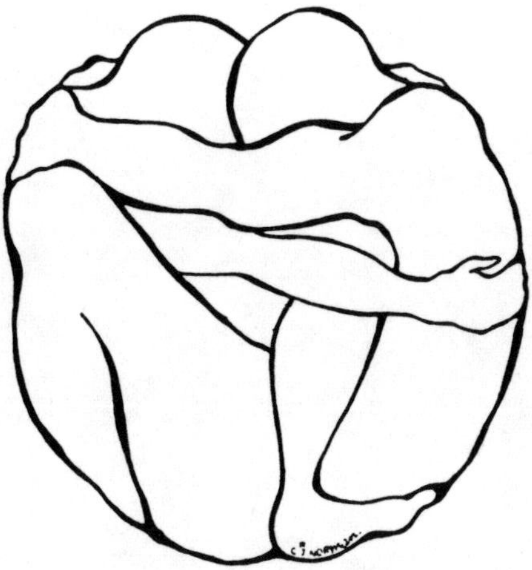

28. Kapitel

Störfaktoren

Beachten Sie bitte:

Wenn Sie schließlich ein Muster aufgeben, dann
fühlen Sie sich vielleicht traurig oder einsam,
vielleicht verwirrt und unsicher,
vielleicht verloren,
vielleicht »vermissen« Sie sogar die negativen Gedankenmassen,
fühlen sich vielleicht ein »bißchen wie tot«.

Doch das geht vorbei.

Füllen Sie diese Leere keinesfalls mit einem neuen Problem. Füllen Sie sie mit Liebe.

Außerdem:

Wenn Liebe Sie wütend oder traurig macht, dann wollen Sie vielleicht nicht viel (oder überhaupt keine) Liebe empfangen.

Liebe ist unschuldig

Akzteptieren Sie dieses Konzept; sonst erfahren Sie eventuell lange Zeiten der Wut oder Traurigkeit.

Das gleiche gilt auch für Geld.

Geld ist unschuldig

Räumen Sie die *Dinge* aus dem Weg, die Sie mit den Begriffen *Liebe* und *Geld* verbunden haben; trennen Sie die Spreu vom Weizen. Dann treffen Sie Ihre Wahl.

Außerdem:

Wenn Sie ängstlich sind und das unterdrücken, dann schaffen Sie sich mehr Erschreckendes und werden so immer ängstlicher, denn

Was Sie fürchten, das ziehen Sie an

Furcht überwinden Sie, wenn Sie zulassen, daß Sie diese Furcht spüren, empfinden, fühlen, darüber sprechen; auf diese Weise können Sie sie »ausleben«.

Es ist sicherer, unsere Furcht zu spüren

Und das ist der Grund, wie ihn Bobby formulieren würde: »Fürchte dich nach vorn.« Untersuchen Sie Ihre Furcht, fühlen Sie Ihre Angst, und lassen Sie sie dann los. Unterdrücken Sie Ihre Furcht, werden Sie immer ängstlicher. Erinnern Sie sich an die Affirmation: »Ich bin jetzt sicher und unsterblich!«

Denken Sie auch daran:

Wahrscheinlich haben Sie sich auf einem der folgenden Gebiete selbst bestraft:

Sex
Liebe
Geld
Ihr Körper
Ihr Beruf
Ihr Auto

Haben Sie, oder tun Sie es noch, einen dieser Bereiche benutzt, um sich selbst zu verletzen?

Warum?

Warum glauben Sie, es verdient zu haben?

Vergeben Sie sich selbst!

Anstatt sich selbst damit zu zerstören,

zerstören Sie die Schuld

Und dann:
Wenn Sie traurig sind,
lassen Sie dieses Gefühl zu,
weinen Sie;

Wenn Sie zornig sind,
lassen Sie dieses Gefühl zu,
schreien Sie;

Wenn Sie ängstlich sind,
lassen Sie dieses Gefühl zu,
zittern Sie,

Wenn Sie glücklich sind,
lassen Sie dieses Gefühl zu,
lachen Sie,

Empfinde Sie
Geben Sie dem Ausdruck Empfinden Sie
Geben Sie dem Ausdruck Empfinden Sie
Geben Sie dem Ausdruck Empfinden Sie
Geben Sie dem Ausdruck Empfinden Sie
Geben Sie dem Ausdruck Empfinden Sie
Geben Sie dem Ausdruck Empfinden Sie!
Geben Sie dem Ausdruck!

Versuchen Sie folgendes:

Wenn es in Ihren Beziehungen ein Problem gibt, über das Sie ständig nachdenken und nachdenken und nachdenken und sich sorgen und sorgen und sorgen...

Halt!

Sagen Sie *augenblicklich* Danke, dafür, daß die Angelegenheit vorüber ist.

Und versuchen Sie folgendes:

Wenn Sie das Gefühl haben, für einen neuen Partner bereit zu sein:

1. Lieben Sie sich selbst
2. Loben Sie Gott
3. Entspannen Sie sich
4. Seien Sie glücklich
5. Lassen Sie Ihr Herz weich und offen
6. Singen Sie für sich selbst Affirmationen
7. Lieben Sie das Leben
8. Lächeln Sie
9. Atmen Sie viel
10. Sagen Sie Dank
11. Bleiben Sie in der Gewißheit
12. Bleiben Sie immer »verliebt«

PS: Wie mein Freund Bill Chappelle sagen würde:
»Zweifel ist *out*!
Intuition ist *in*«!

Und zuletzt versuchen Sie folgendes:

Wenn Sie sich ungeliebt fühlen, beginnen Sie damit, sich selbst zu lieben, und gehen dann hinaus und lieben einen anderen Menschen.

Wenn Sie sich nicht geschätzt fühlen, beginnen Sie damit, sich selbst zu schätzen, und gehen Sie dann hinaus und schätzen einen anderen Menschen.

Wenn Sie sich nicht anerkannt fühlen, dann beginnen Sie damit, sich selbst anzuerkennen, und gehen dann hinaus und anerkennen einen anderen Menschen.

Wenn Sie sich ignoriert fühlen, dann beginnen Sie damit, sich selbst zu beachten, und gehen dann hinaus und beachten einen anderen Menschen.

Wenn Sie sich unberührt fühlen, dann beginnen Sie damit, sich selbst zu berühren, und gehen dann hinaus und berühren einen anderen Menschen.

Wenn Sie sich zurückgestoßen fühlen, beginnen Sie damit, sich selbst zu akzeptieren, und gehen dann hinaus und akzeptieren einen anderen Menschen.

Wenn Sie sich alleine fühlen, finden Sie sich selbst und gehen Sie dann hinaus und finden einen anderen Menschen.

Wenn Sie sich arm fühlen, beschenken Sie sich selbst und gehen dann hinaus und beschenken einen anderen Menschen.

Und *dann* erst finden Sie jemanden, der Sie liebt, anerkennt, bestätigt, Sie berührt, Sie bemerkt, Sie annimmt, Sie findet und Sie beschenkt.

Mit anderen Worten, wenn Sie sich elend fühlen...
Ändern Sie Ihre Gedanken;
Lieben Sie sich selbst– lieben Sie andere;
Beschenken Sie sich selbst – beschenken Sie andere,

Und wenn das alles nicht hilft...

Sprechen Sie laut mit Gott!

29. Kapitel

Mein Verhältnis zum LRT

Das Training für Liebevolle Beziehungen (LRT) war für mich ein reines Vergnügen – es war niemals Arbeit für mich. Jeder wollte wissen, wie ich das LRT entwickelt habe, und ich finde es jetzt schwieriger, zu sagen, wie es zustande kam, als es eigentlich war. Ich bin sogar ein wenig verlegen, weil es so leicht war. In Wirklichkeit hatte ich so viel Freude dabei, daß ich mich an keinen Augenblick des Kampfes oder der Mühe erinnern kann. Natürlich hatte ich einige Befürchtungen, sicherlich, aber Arbeit war es nicht. Es hat aber schon eine Weile gedauert, bis mein persönliches Leben »leicht« lief. Ich habe das Gefühl, daß Gott mir das LRT schenkte, als ich bereit war, es anzunehmen. Ich habe natürlich auch viel von einigen großen Lehrern gelernt: Werner Erhard, Leonard Orr, Bobby Birdsall, Babaji, meine Mutter und jedem der Männer, die ich liebte...

Zunächst war ich der Chauffeur von Leonard; später wohnte ich in seinem Haus und er lehrte mich Rebirthing. Er war ein sehr guter Lehrer, und ich lernte sehr gut, und aus dieser Arbeit im Rebirthing und all den Untersuchungen, die wir mit dem Geburtstrauma anstellten, wurde das LRT geschaffen.

Meine Klienten im Rebirthing waren meine ständigen Lehrer, wenn ich sah, wie sich deren Leben vor mir entfaltete. Zu erkennen, wie ihre Geburt ihre Beziehungen beeinflußte, erstaunte mich sehr. Da lief ich also herum, mit all diesen wichtigen Informationen – irgendwie behielt ich mir alles, was sie sagten und wie sie sich fühlten im Kopf – brachte das alles auch mit den Dingen zusammen, die man mich gelehrt und die ich in der harten Lebensschule gelernt hatte. Ein Teil des Trainings stammt von meinem ersten großen Lehrer Werner Erhard, der *est* entwickelt hat, die Einheiten flossen mir in Meditationen zu, im Rebirthing und von den ersten Teilnehmern. Bücher halfen mir nur wenig, mein Magistergrad kaum. Fünfundzwanzig Jahre des Umherreisens in der Welt trugen einen wesentlichen Teil dazu bei; ich war schon sehr lange auf der Suche nach der Wahrheit gewesen.

Meine Scheidung mag der Katalysator gewesen sein. Ich wollte mich selbst heilen, um nie wieder so etwas erfahren zu müssen. Mein Mann war genial, und wir hatten eine großartige Zeit miteinander. Wir liebten uns über alles – und als es vorbei war, wußte keiner von uns warum. Ich habe Jahre gebraucht, um mich davon zu erholen, und ich schwor mir, es würde nie wieder so lange dauern, mich von irgend etwas zu erholen.

Aus meiner langjährigen Arbeit als Krankenschwester wußte ich, daß ich sicherlich nicht die einzige mit Problemen und Kummer bei Partnerschaften war. Ich bat meine Patienten, mir zu erzählen, wann genau ihre Symptome begannen und was zu diesem Zeitpunkt in ihrem Leben geschah. Durchgehend entwickelten sich ihre körperlichen Beschwerden nach einem Krach in ihren Beziehungen – einer zerbrochenen Liebe, einer Scheidung oder so etwas. Ich entschloß mich, mit diesen Angaben etwas anzufangen, doch ein Diplom für Familienberatung brachte mich nicht weiter. Dann wurde ich eines Tages zu Leonard Orr geführt, der mir von den »fünf Großen« erzählte. Ich habe sie sehr schnell verstanden und erkannte Möglichkeiten, sie in meinen Untersuchungen über Beziehungen anzuwenden.

Und so begann ich, an mir zu arbeiten. Zu dieser Zeit hatte ich meine erste saubere Beziehung mit einem Mann, was ich darauf zurückführte, daß ich Klarheit durch Rebirthing erlangt hatte. Der Mann war Marshall Summers, und ich lebte zwei Jahre mit ihm, während wir mit Leonard arbeiteten. Es war eine wundervolle Erfahrung, doch nach einer Weile fand ich heraus, daß ich unfähig war, so viel Liebe in Empfang zu nehmen; ich hatte immer noch nicht ganz Klarheit. Marshall und ich trennten uns friedlich und gingen eigene Wege – er, um Musik zu schreiben und ich nach Indien. Marshall hat mitgeholfen, den Grundstein des LRT zu legen, und das Training entstand aus der Erfahrung unserer persönlichen Liebesbeziehung heraus, für die ich ihm immer dankbar sein werde.

Marshall und ich reisten nach Honolulu, um zusammen einige Rebirthing-Workshops zu halten. Von dort brachten wir einen Plan für ein Ein-Tages-Seminar mit, das wir »Liebevolle Beziehung« nannten und ungefähr dreißig unserer Freunde vorstellten. Sie flehten uns an, länger zu bleiben und dieses Seminar auch mit ihren Freunden zu machen, und das taten wir dann auch. Alle sagten das gleiche: »Dies ist wunderbar, aber viel zuviel für einen Tag.« Zurück in San Francisco versuchten wir dann ein »Trockentraining« von zwei Tagen mit Freunden im Theta-Haus. Ich konnte es kaum glauben, doch sie alle liebten es so sehr, während ich kaum wußte, was ich tat. Marshall, der Musiker ist, sang sehr viel und das half. Die schwierigsten Augenblicke traten ein, als wir das Thema Eifersucht behandelten, und die Hölle losbrach. Irgendwie landeten die Menschen, die für Monogamie waren, auf einer Seite des Raumes und diejenigen, die für offene Beziehungen war, auf der anderen Seite. Sie starrten einander an, als wollten sie sich gegenseitig umbringen! Es war schrecklich. Danach habe ich den Teil über Eifersucht zerrissen; er ist nach wie vor schwierig; inzwischen habe ich diesen Teil mindestens dreißigmal umgeschrieben.

Eines Tages kam Roger Lane von Hawaii herüber, um am Seminar teilzunehmen. Zu diesem Zeitpunkt hielten wir die Seminare schon in einem Hotel ab. Dabei half uns ein wunderbarer Mann, Michael George Fatjo, der die Seminare für uns zu organisieren begann. Roger war so verliebt in die ganze Sache, daß er bereits überlegte, nach San Francisco zu ziehen, damit er nie von den Menschen seines ersten LRT getrennt sein würde. Ich wußte, daß er Hawaii nicht wirklich verlassen wollte, deshalb sagte ich, wir würden das Seminar zu ihm bringen, wenn er seine Freunde auf der Insel zusammenholte. Und so begann das alles.

Am Anfang gab es einige sehr wackelige Situationen. Eines Tages war ich selbst so eifersüchtig, daß ich während des gesamten Trainings zitterte. Obwohl ich mich zu diesem Zeitpunkt für Unterricht ungeeignet hielt, entschied ich mich dafür, einfach die Wahrheit darüber einzugestehen, was mir widerfuhr. Da die Menschen telepathisch sind, hätten sie es sowieso gewußt. Leonard hatte mir einmal gesagt: »Sondra, was du im Schrank zu verstecken suchst, wird vom Dachgiebel herunter verkündet.« Daher entschied ich mich, selbst die zu sein, die es selbst von der Spitze des Hauses herab verkünden würde. Die Menschen liebten mich, weil ich die Wahrheit sagte.

Einige der schwierigsten Perioden waren anfangs für mich, wenn meine eigenen Beziehungen vor der Öffentlichkeit Veränderungen durchliefen. Es war peinlich, mein privates Leben vor den anderen auszubreiten. Doch in meinem Herzen wußte ich, »Wir lehren das, was wir am meisten lernen müssen«, und schließlich machte ich mir nichts mehr daraus, was einer dachte oder tat. Ich wollte alles darüber lernen, wie man vollkommene Beziehungen haben kann, und wenn ich ewig dafür brauchte. Wenn dazu notwendig war, daß ich noch mehr sich verändernde Beziehungen zu durchlaufen hatte – was ich auch tat – dann war das in Ordnung. Schließlich erkannte ich, daß jede neue Beziehung besser als die vorherige war, und ich überwand meine Verlegenheit, weil es keinem meiner Freunde besser ging, und sie alle bewunderten mich dafür, daß ich den Mut besaß, dies öffentlich zu bekennen.

Nichts jedoch bereitete mich vor auf die massive Energieladung, die ich durch meinen Körper leiten mußte, als eine große Gruppe damit begann, die negative Gedankenmasse freizusetzen, die sie seit Jahren mit sich herumtrug. Bevor ich selbst geklärt genug war, um diese Energie einfach durch mich durchfließen zu lassen, mußte ich häufig die Pausen benutzen, um selbst Rebirthing zu machen. Ich bemerkte, je häufiger ich Rebirthing gemacht hatte und je klarer ich war, um so mehr Menschen würden sich in meiner Gegenwart fallenlassen, und bald hatte ich ein neues Problem.

Menschen im Training fielen manchmal in einen spontanen Rebirthing-Vorgang (meist während des Eifersuchts- oder Inzest-Teils). Als dies das erste Mal geschah, mußten Marshall und ich alles andere einstellen und die Betreffenden vor den anderen rebirthen. Dadurch wurden Beobachtende aktiviert, und die Situation geriet in ein Chaos. Danach stellte ich sicher, daß Assistenten, die selbst gute Rebirther waren, dabei waren, falls also jemand eine spontane Rebirth-Erfahrung hatte, konnte dies in Ruhe hinten im Raum weiterlaufen.

Das hat nie wirklich gestört, wenngleich dies möglicherweise einigen Erst-Teilnehmern fremd anmutete. Tatsächlich kann jeder im Raum besser loslassen, wenn einer viel atmet, anstatt alles »zu schlucken«.

In meiner Karriere als LRT-Trainerin gab es viele lustige und auch peinliche Momente. Die peinlichste war, als ein junger Mann einige der intimsten Details über sein Sexualleben berichtete, die mir je zu Ohren kamen. Im Raum wurde es sehr heiß. Als ich aufstand, um eine Bemerkung zu machen, fielen mir buchstäblich meine roten seidenen Gauchohosen herunter. Marshall fiel vor Lachen fast vom Stuhl. Man könnte sagen, das Haus brach fast zusammen.

Während eines anderen Trainings in Boston gaben Bobby und ich einem Teilnehmer ein Kissen, um seinen Ärger loszuwerden. Er schmetterte das Kissen einige Male gegen einen Pfosten und plötzlich platzte es. Der Raum füllte sich mit Gänsefedern, und wir konnten kaum noch atmen. Alle rannten auf die Ausgänge zu, doch Bobby und ich nahmen den Notausgang, der sich hinter uns schloß. Wir verbrachten eine ganze Weile da draußen, bevor das Gelächter nachließ und die Leute sich wunderten, wo wir wohl waren und uns fanden. (Inzwischen verwenden wir die üblichen gepolsterten »Schlagstöcke«.)

Bobby und ich – wir machen jetzt das Training zusammen – versuchen immer, nach dem Motto zu leben: »Mehr Freude pro Stunde.« Endlich bin ich in der Lage, das gesamte Training ohne Spannung in meinem Körper durchzustehen, ganz *gleich*, was im Raum geschieht. Ich dachte, ich würde der ganzen Sache müde werden, doch immer ist ein neuer Zauber da. Außerdem werde ich der Wahrheit und auch spiritueller Heilung niemals müde.

Das Training behandelt alle Aspekte einer Beziehung, und die Menschen sagen, daß es alle Bereiche abdeckt, über die sie je etwas in bezug auf menschliche Beziehungen und Liebe erfahren wollten. Da alles mit Beziehungen zu tun hat, behandelt das Training also das gesamte Leben.

Absolventen des Trainings sagen mir immer wieder, daß sie nach dem Training ein großes Bedürfnis verspürten, mit mir zusammenzusein. Das brachte mich dazu, an ein Training für Fortgeschrittene zu denken, das völlig experimentell sein und mir die Chance geben würde, zusammenzusein mit den Menschen, die ich liebe. Dies war noch leichter, als das LRT selbst ins Leben zu rufen.

Unser erster Versuch war auf der Insel Maui auf Hawaii. Ungefähr dreißig Absolventen wohnten drei Tage und drei Nächte in einer luxuriösen Herberge. Um mich herum war so viel Liebe und Anerkennung, daß ich überwältigt war, und am Sonntag morgen während des Frühstücks begann mein gesamter Körper stark zu vibrieren, und ich erlangte einen veränderten Bewußtseinszustand. Es gab einen Punkt, an dem ich die Gegenwart von Wesen fühlte, die größer waren, als ich begreifen konnte. Ich weinte ohne Hemmungen eine ganze Stunde lang. Nach dieser Erfahrung verlor ich die Richtlinien für unser Training für Fortgeschrittene, und auch die anderen Trainer fanden ihr Exemplar nicht mehr. Bei der zweiten Durchführung des Trainings für Fortgeschrittene geschah etwas Ähnliches, und so stellte ich dieses Training eine lange Zeit ein. Ich hatte Angst vor so viel schneller Entwicklung. Nachdem ich jedoch mit energiegeladenen Menschen zu tun hatte, habe ich gelernt, große Mengen an Liebe und Energie besser als früher zu handhaben. Wegen der ständigen Nachfrage habe ich dann mit diesen Trainings wieder angefangen. Jetzt freue ich mich darauf mehr als auf alles andere, da wir diese Seminare an sehr luxuriösen Orten durchführen, wo die Absolventen die zusätzliche Möglichkeit haben, ihr Wohlstandsbewußtsein zu erweitern. Wir versuchen, das LRT für Fortgeschrittene an Erholungsorten mit heißen Quellen für Rebirthing im Wasser durchzuführen.

Sie könnten sagen, ich habe das LRT ins Leben gerufen, um mich selbst zu heilen, und das ist wahr; auf spiritueller Ebene muß ich jedoch von Geburt an gewußt haben, daß es die Aufgabe meines Lebens war. Nach vierunddreißig langen Jahren konnte ich mich daran »erinnern«. Das LRT fiel mir ein, direkt nachdem ich diese Bejahung geschrieben hatte: »Ich lasse jetzt zu, daß sich der göttliche Plan für mein Leben manifestiert.« Und es war kein Zufall, daß ich mich nach vier Jahren eigenen Rebirthens an einen vorherrschenden Gedanken im Mutterleib erinnerte: »Wenn ich herauskomme, wird sich jeder verlieben.« Tatsächlich, meine Geburt (ich wurde auf dem Tisch in der Küche geboren) war ein großes soziales Ereignis in dem winzigen Ort, in dem meine Eltern lebten, und diese positive Erwartung aus den Tagen im Mutterschoß hat mich zu der Arbeit geführt, in der die Menschen sich andauernd in mich und ineinander verlieben.

Seit meinem ersten Besuch in Indien und meiner Begegnung mit Babaji habe ich mich immer mehr auf geistige Dinge konzentriert. Ich bin erfüllt von einem Gefühl des Lobes und der Dankbarkeit; mein Herz wurde weit geöffnet und ist bereit, mit Licht erfüllt zu werden. Mein einziges Ziel ist es gewesen, mich so zu entwickeln, daß ich den Geist vollkommen zum Ausdruck bringen kann. Ich habe darum gebetet, ein authentischer Lehrer der Wahrheit zu sein. Manchmal schwingt die Stimme Gottes durch mich hindurch wie Musik. Ich bin berauscht von der Führung Gottes, und mein Körper hat unglaubliche Mengen reinigender Energie und den Atem des Geistes kanalisiert. Gelegentlich ist mir das immer noch ein wenig peinlich.

Als Bill Chappelle mich fragte, wie ich es fände, ein Buch über Beziehungen zu schreiben, sagte ich: »Ich müßte mit Gott beginnen. Es gibt keine andere Möglichkeit. Alles andere habe ich schon versucht.« Ich hatte jedoch immer noch ein wenig Angst davor, über Gott zu sprechen. Ich wußte, daß die meisten Menschen die alte Vorstellung von Gott leid sind. Die meisten Menschen meiner Generation haben das satt. Sie blickten auf Gott und auf das Leben ihrer Eltern und sagten dann: »Wenn Gott das für dich tut, dann will ich von ihm nichts wissen.« Und die meisten haben ihr Heim und Gott verlassen und sind niemals zurückgekehrt.

Die Menschen werden häufig zum Nervenbündel, weil sie sich fragen, wann Gott sie nun kassiert. Sie haben Ihn stets gehaßt, weil Er sie in dieses Universum gesetzt hat ohne eine Möglichkeit, hier lebend herauszukommen. Doch selbst als ich verwirrt war über Gott, blieb ich auf dem Weg. Als ich nach Indien reiste, um die Antworten zu finden, wurde ich nur noch verwirrter, doch ich erinnerte mich an die Worte von Werner Erhard: »Verwirrung ist ein hoher Zustand«, und Leonard Orr sagte: »Verwirrung ist der Augenblick, wo du zwei

Wirklichkeiten gleichzeitig siehst – die alte und die neue.« Selbst wenn die Dinge völlig durcheinander schienen, wußte ich, ich würde heil herausfinden. Ich wußte, ich hatte mich von genügend negativer Gedankenmasse befreit und war jetzt bei den letzten schweren Stellen angekommen. Diese schweren Gedanken kamen hervor, und selbst als mein Geschäft fast zu Grunde ging, ich einige sehr schlechte finanzielle Entscheidungen traf und alles auf wackeligen Füßen stand, sogar damals blieb das LRT ein Erfolg; es war unzerstörbar, es ging nicht unter, ganz gleich, was ich auch unternahm, um es zu sabotieren. Ich hatte ein unsterbliches Produkt geschaffen.

Als Bobby auftauchte und mein Manager wurde, mir und dem LRT auf ewig verpflichtet, da kam ich zu dem Schluß, daß ich offensichtlich etwas richtig machte.

Die größte Stärkung meines Selbstwertgefühls erlebte ich in dem Augenblick, als Babaji in der ersten Nacht im Tempel einen Hindunamen für mich auswählte. »Dein Name ist Durkuli«, sagte er. Ich fragte den Übersetzer nach der Bedeutung. Sie antwortete: »Das heißt, ›die Starke‹, ›die Unsterbliche‹, ›die Immerwährende‹.« Und er sagte auch: »Deine Entschlossenheit ist so groß, daß du alles Gewünschte erreichst, selbst bis zum Ende der Welt.«

30. Kapitel

Wie ich meine Beziehungen kläre

Wenn Sie erst einmal all die Dinge erkennen, die hervorkommen können, um eine ersehnte Beziehung zu blockieren, werden Sie es hilfreich finden, in diese Situation zurückzugehen und den Grund für ihr Scheitern zuzugeben. Die wirkungsvollste Art, die ich gefunden habe, um Probleme jetziger und zukünftiger Beziehungen zu klären, ist, einen offenen Brief zu schreiben an die, die ich liebte, die, die mich liebten, mit denen ich jedoch die Beziehung nicht auszudehnen imstande war.

An alle Männer, die ich sehr geliebt habe und die mich geliebt haben:

> Ich bedauere all die Zeiten, in denen ich dich aus meinem Leben herausgehalten habe oder dich für lange Zeit aus meinem Leben herausdrängte, nur wegen einiger mieser unterdrückter Gedanken, die ich seit der Geburt begraben hatte. Ich weiß, diese Gedanken waren so tief und stark und negativ, daß du schließlich meine scheinbar fruchtlosen Kämpfe mit ihnen nicht mehr ertragen konntest. Es tut mir leid, daß ich mir dieser Gedanken nicht früher bewußt war. Ich weiß jetzt, sie waren die Ursache von Verletzungen in meinem Leben und in deinem.
>
> Ich weiß auch, daß du mir manchmal diese Gedanken vorgelebt hast, damit ich sie klarer erkennen konnte. Sehr oft wurde mir das erst bewußt, lange nachdem du mich verlassen hattest. Weil Liebe das Negative auf sich nimmt, damit es klarer erkennbar ist, sehe ich jetzt, daß du versucht hast, mich zu heilen, indem du mir das Verhalten zeigtest, das ich am meisten erwartete. Da ich das damals nicht verstand, konnte ich es nicht anerkennen; alles, was ich zu sehen vermochte, waren meine eigenen Verletzungen, und ich hing fest in Beschuldigungen. Solange ich dich beschuldigte, brauchte ich nicht die Verantwortung dafür zu übernehmen, daß ich meine eigenen Muster schuf; ich war viel zu sehr damit beschäftigt, auf deine zu schauen.
>
> Ich hing außerdem in dem Versuch fest, meinen Vater zu heilen, deshalb verbrachte ich viel Zeit damit, dich heilen zu wollen, anstatt dich einfach zu

lieben. Von jetzt an soll schon meine bloße Gegenwart heilend sein. Wir wollen uns daran erinnern, den anderen augenblicklich geheilt zu sehen.
Ich vergebe mir selbst, daß ich so lange gebraucht habe, meine Muster zu verstehen und davon abzulassen. Möge ich jetzt in mein wahres Leben eintreten, das vollkommen und heilig ist. Möge ich stets alle negativen Muster transzendieren, die mich früher bei Beziehungen an der Vollkommenheit gehindert haben.
Ich fände es großartig, wenn ihr alle zurückkehrtet, damit wir unsere Beziehung erneuern und einander heilen könnten.
Danke, daß du mein Guru warst.

An alle Frauen, die ich sehr geliebt habe und die mich liebten:

Ich hatte immer das Gefühl, du wärst für mich da, und ich vertraute dir mehr als einem Mann. Ich brauchte alle diese Jahre mit Männern, um die Dinge zu verarbeiten. Ich habe nie versucht, dich zu meiden. Ich hatte immer das Gefühl, meine Beziehungen zu dir seien gut, und die meisten Verlockungen entstanden, wenn ich versuchte, dich als Schwester zu betrachten. Ich habe immer sehr viel von dir gelernt.
Ich hoffe, daß alle möglichen Mißverständnisse zwischen uns durch diesen Brief aufgeklärt sind und daß dir dies hilft. Ich anerkenne, daß du mich unterstützt hast, als Führer in meine Aufgabe hineinzuwachsen, und ich unterstütze dich in gleicher Weise bei allem, was du tust. Es hilft, den Gedanken aufzugeben, daß Männer keine machtvollen Frauen mögen. Ich habe oft festgestellt, daß die Männer häufig ein wenig müde von der Verantwortung sind, die die Macht mit sich bringt, und sich ein wenig Ruhe wünschen. Sie schätzen wirklich unsere Hilfe dabei, die Welt in Ordnung zu bringen.
Ich hoffe, du bist dabei, die Verantwortung dafür zu übernehmen, daß unsere Beziehungen so werden, wie wir sie uns wünschen, und du machst mit bei dem Spiel mit, Vollkommenheit für uns zu erreichen.
Feire es, eine Frau zu sein.

31. Kapitel

Persönliche Berichte von Teilnehmern

Liebe Sondra, lieber Bobby,
ich empfinde heute viel Dankbarkeit für Euch beide und möchte, daß Ihr dies wißt. Jetzt tue ich vieles, was mir Freude macht, und, obwohl ich beim Training für Fortgeschrittene nächste Woche nicht teilnehmen kann, möchte ich Euch meine Liebe und meinen Dank senden. Ihr beide habt mir im letzten Jahr einen wundervollen Dienst erwiesen.

Als ich am 9. September in ein Sonny Stokes Seminar in New York hineingeriet und dann in das LRT im Oktober in New York, hielt ich an einer Ehe fest, die überladen war mit Traurigkeit, einem Beruf als Verlagsvertreter, in dem ich mich dabei ertappte, mehr an meine eigene Karriere als Schriftsteller, Psychologe und meine Selbstheilung als an meine Arbeit zu denken, wobei ich mich im allgemeinen so fühlte, als würden meine vierundzwanzig Jahre des Abenteuers, neuer Horizonte und Erfolge sich nun abschwächen und ich nur noch nach Sicherheit und Selbstzufriedenheit streben und mehr Melancholie und Einschränkung finden.

In sehr einfachen Worten sagte das LRT mir: »He, du brauchst deine Göttlichkeit nicht aufzugeben. Erwachsen werden heißt nicht alt werden. Verantwortung übernehmen bedeutet nicht den Atem anhalten, um die Inflation zu bekämpfen.«

Die Persönlichkeiten, die Ihr beide in diesem Training im Oktober darstelltet, waren so anders als irgend zwei Menschen, denen ich je vertraute, mit denen ich je befreundet oder an denen ich interessiert war. Und doch wußte ich von Anfang an, daß Ihr Sieger seid und ehrlich und daß Ihr Beispiele dafür seid, wie es ist, zu wachsen, und immer noch ein wenig mehr zu wachsen. Ich wußte, daß die Bereitschaft zum Risiko, die Verletzlichkeit und die enorme Energie die Eigenschaften waren, die ich an mir selbst stets schätzte. Ich verweinte drei Packungen Taschentücher während des Trainings, verpflichtete mich, nach San Diego zu ziehen, meinen Doktor in Psychologie zu machen, an einem Programm zur Selbstheilung teilzunehmen, und dazu zu einer Offenheit, die ich mir nie zuvor gestattet hatte.

In San Diego klappte alles großartig für mich. Ich hatte eine hervorragende Freundschaft mit Binnie, gewann mehr Freunde und Bekannte, als ich je hatte, verbrachte jeden Tag am Strand und lernte von den Möwen und den Wellen, was ich in Detroit, Pittsburgh und New York nicht gelernt hatte, und liebte die holistischen Psycho-Kurse, die mir halfen, mich zu verjüngen.

So entschloß ich mich zu einem Versuch und ging im März nach Santa Barbara. Und dieses Wochenende, von dem immer noch mehr als einhundert Rollen hervorragender Filmmeter in meiner Erinnerung vorhanden sind, war die Quelle so vieler Dinge, die jetzt mein Leben vervollkommnet haben. Die Freundschaften, die Geschäftsbeziehungen, das Gefühl von Körperbeherrschung, die Ebenen der Entspannung und der Freude, sie alle öffneten mich für eine neue Ebene des Einsatzes und der Zufriedenheit in meinem Leben. Und mit so wenig Anstrengung.

Zur Zeit laufen die Dinge in meinem Leben glatt und gut. Selbst wenn meine Partner schreien oder ich in schwierigen Diskussionen mit Investoren oder Kunden stecke, spüre ich, daß mir alle Rebirthing-Hilfsmittel zur Verfügung stehen, alle Quellen, loszulassen und im Hier und Jetzt zu sein. Ich hatte vier verschiedene Richtungen für mich selbst in den letzten Jahren verfolgt und geglaubt, sie seien völlig getrennt, Schriftsteller/Geschäftsmann/Heiler/Lehrer, und stelle jetzt fest, daß im Verlauf der täglichen Arbeit, beim Zusammenstellen einer neuen Gruppe, bei der Untersuchung von Projekten, bei der Beratung meiner Partner und der Verpflichtung an Ziele und Träume, die einen weitreichenden Einfluß auf die Qualität des Lebens in den 80er Jahren haben werden, alle vier Aspekte eingesetzt werden und in Harmonie sind.

Ich bin Euch beiden und dem LRT dankbar, daß Ihr mir diese Hilfe auf meinem Weg gegeben habt. Ich möchte weiterhin mit dem LRT geben und empfangen, so wie in der Vergangenheit. Ich wollte dies nicht nur mit Euch teilen, sondern Euch auch wissen lassen, daß ich mich Euren Ideen, Vorschlägen und der Liebesenergie geöffnet habe.

Und wie sieht meine wichtigste Beziehung aus? Ich bin sehr glücklich mit mir selbst. Am Mittwoch war mein Hochzeitstag und ich habe morgens einen Homoöpathen und Chiropraktiker aufgesucht. Ich fühlte mich sehr verletzbar und mit tränenden Augen, so ging ich heim und weinte laut und lange. Ich gab das Bild meiner Ehe frei, die Bilder, die der Wahrheit nicht entsprachen. Meine Frau und ich sind wunderbare Freunde. Wir haben einen Scheidungsvertrag aufgesetzt und werden irgendwann in New York geschieden werden. Seit ich aus New York wegging, hatte ich einige wundervolle Beziehungen und werde weiter liebevolle Menschen finden, die meine Lebendigkeit steigern. Seit ich nun so die Mengen an Traurigkeit und Festhalten ausgeräumt habe, gehe ich davon aus, daß eine vollkommenere Liebesbeziehung in meinem Leben auftauchen wird.

In Liebe
Lenny

Liebe Sondra,

nur so zum Spaß:

L	R	T
Lernen	Richtig	Treue
Liebevoll	Rarität	Tiefe
Lächeln	Respekt	Tragfähigkeit
Lang anhaltend	Rechtschaffenheit	Traumhaft
Lehrer	Redlichkeit	Training
Leib und Seele	Rat	Täglich neu
Licht	Resonanz	Triumph
Luxus	Radikal	Trösten
Lebendig sein	Rebirthing	Tür und Tor
Liebe	Reinheit	Trotzdem
Leichtigkeit	Richtigkeit	Telepathie
Lebensgefährte	Reichtum	Thema
Lecker	Regungen	Teilnehmen
Liebenswert	Reife	Transzendenz
Lachen	Reinigung	Taumel
Lust	Regenbogen	Tatkräftig
Leben	Ruhe	Tanzen und singen
Läuterung	Rast	Total
Lektion	Reizvoll	Talent
Losgelöst	Rettung	Tempo
Lohn	Rundum	Trau dich!

Ich freue mich darauf, Euch nächsten Monat zu sehen. Unser Training wird unglaublich gut!

In Liebe
Roger

Folgendes wurde von einem kleinen Mädchen, Esther, aufgeschrieben, nachdem ihre Mutter das LRT beendet hatte. Sie las es bei einer Zusammenkunft von Teilnehmern vor, kurz nachdem ihre Mutter Louise am Training teilgenommen hatte.

Louise: Guten Morgen Dienstag! Ich liebe dich!
Ich liebe Esther.
Ich liebe es, Esthers Mutti zu sein.

Esther: Ich liebe es, Louises Tochter zu sein!
Ich liebe Louise!!!!!
Ich liebe die Welt!

Louise: Ich liebe die Welt auch. JA!!!!

Esther: Ich liebe es zu leben!!!!!!
Ich liebe es, zur Schule zu gehen.

Louise: Ich gehe gerne zur Arbeit.

Esther: Ich liebe Schlittschuhlaufen.
Ich liebe Rollschuhlaufen.
Ich liebe über alles Sport.
Ich fühle mich heute sehr geliebt.

Louise: Ich werde sehr geliebt.

Esther: Ich liebe Gott.
Ich liebe es, etwas über die Wissenschaft zu lernen.
Ich liebe das Glück und den Frieden.
Ich liebe es, geliebt zu werden.
Ich liebe es, anderen Liebe zu schenken.
Ich liebe das Brausen des Meeres.
Ich liebe die Stille.
Ich liebe es, Backgammon zu spielen.

Ich liebe das sanfte Schnurren einer Katze.
Ich liebe es, zum Mittagessen auszugehen!!!!
Ich liebe es, Fische anzuschauen.
Ich liebe körperliche Fitness.
Ich liebe das Laufen.
Ich liebe Entspannung.
Ich liebe alle möglichen Tiere.
Ich liebe das Schreiben.
Ich liebe das Fahrradfahren.
Ich liebe die Natur.

Mutti, ich weiß, daß du Gewicht verlieren kannst. Wenn du denkst: »Ich verliere Gewicht«, dann wird es wahr.

In Liebe, Essie

Liebe Mutti, geht es Dir gut? Das LRT hat Dein Leben verändert! Ich bin froh darüber, daß wir beide jetzt miteinander gut auskommen! Ich haßte die Zeiten, als wir beide andauernd Streit hatten, Du nicht auch? Ich wünsche Dir einen schönen Tag.

In Liebe, Essie

32. Kapitel

Ihr Verhältnis zum LRT

Das Training bietet nicht nur eine wunderbare Gelegenheit, alles auszuräumen, was Sie daran hindert, Dinge in Empfang zu nehmen, und ein völlig neues geistiges Modell für großartige Beziehungen im Neuen Zeitalter zu erschaffen, sondern auch, um anderen bewußten Menschen zu begegnen.

Während ich mich immer mehr ganz fühle, wird das Training mehr und mehr zur Freude; es wird sogar zu einem immer größeren Ereignis. Mir und den anderen Trainern hat das Training immer schon Spaß gemacht, und nun steigert sich dies noch. Im LRT sind die Menschen in der Lage, Spaß zu haben, sogar wenn sie weinen. Ich sage allen, sie sollten keine Gelegenheit zum Weinen versäumen, nur so lernen sie ihre Depressionen genießen und kürzen sie dadurch ab. Wir weinen viel, bringen viel zum Ausdruck, lachen viel, und jeder verliebt sich. Manchmal wird es 2 Uhr nachts, bis ich das Training beende, weil einfach niemand gehen möchte.

Die LRT-Familie steht stellvertretend für die geheilte Familie. Sie wird zu der Familie, die Sie sich schon immer gewünscht haben. Wenn Sie sich die Zeit nehmen und die Verantwortung dafür akzeptieren, all Ihre vergangenen Beziehungen in Ihrer eigenen Familie in Ordnung zu bringen, wird sie nochmals zur von Ihnen gewählten Familie, und alles beginnt, hell und freundlich auszusehen.

Das LRT gibt Ihnen die Möglichkeit, Ihre negativen Gefühle sicher zu verarbeiten, und verhindert dadurch, daß Sie diese auf die Menschen projizieren, mit denen Sie leben. Es ist der Ort, an dem es genug Energie, Liebe und Unterstützung gibt, um mühelos alte negative Gedankenmasse herauszulassen, weil die Energie aller Menschen im

Raum hilft, diese Dinge in Ihnen hervorzubringen. Danach erleben Sie gemeinsam eine Hochstimmung und verbringen eine gute Zeit miteinander. Das einzige, was Sie aufgeben müssen, ist Ihre Misere. Es mag schwierig sein, das so ganz alleine für sich zu tun, deshalb heißen wir Sie in der LRT-Familie herzlich willkommen.

Informationen über das nächstgelegene Training für Liebevolle Beziehungen und Rebirthing in Europa erhalten Sie von:

Ines Howe
Gervinusstr. 19a
D-1000 Berlin 12
Tel. 030/3241943

LRT-Zentrum in Schweden:

Marianne Thorsell
Krugmakargatan 18
Stockholm 11651
Schweden
Tel. 00468/848616

LRT-Zentrum in England:

Diane Roberts und Ronald Fuchs
9d, Claverton Street
London
SW IV 3AY
England
Tel. 00441/6301501

TEIL DREI

Beziehungen zu Unsterblichen

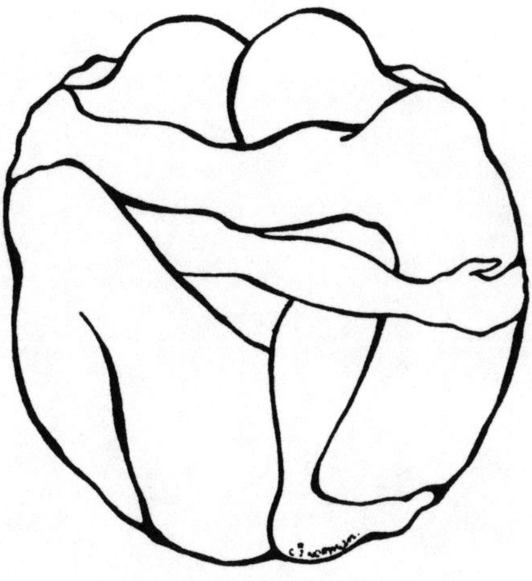

Beziehungen zu Unsterblichen

Wie ist denn so eine Beziehung zwischen zwei Unsterblichen? Lassen Sie mich zunächst einmal sagen, daß sie vollkommen anders ist. Es herrscht ein durchdringendes Gefühl des ständigen Wohlbefindens, der Sicherheit und des Friedens. Weil das Ziel besteht, die gegenseitige Lebendigkeit ständig zu fördern, gibt es weniger Furcht. Man hat genug Zeit, um mit allem umzugehen, was auftauchen könnte. Die Beziehung ist unmittelbar und *ewig*, und wenngleich die Art der Beziehung sich ändern mag, auch öfters, so ist doch eine *räumliche Trennung* kein Problem. Es gibt Freude, Glück und wahre Glückseligkeit in Hülle und Fülle. Eine natürliche Telepathie existiert, wenn beide getrennt sind. Da die Liebe ohne die Projektion des Todeswunsches sehr rein ist, geschehen in der Aura und der Gegenwart eines Unsterblichen mehr spontane Heilungen. Zwei von ihnen zusammen bewirken wunderbare Energie. Sie unterstützen sich immer gegenseitig zu fortwährender Lebendigkeit, und das macht es sicher, sich ganz hinzugeben. Es ist wie ein Traum, der Wirklichkeit geworden ist.

Die Mentalität der Sterblichen wird beherrscht von Kampf, Krankheit, Schmerzen und am Ende vom Tod. Die Trauer um das tragische Ende einer Beziehung ist für den zurückbleibenden Partner überwältigend. Er spürt häufig, daß ihm keine andere Wahl bleibt, als auch zu sterben und oft sieht er keinen Sinn darin, »alleine« weiterzumachen. Ein »Todesgläubiger« ist überzeugt davon, daß es nur den einen Ausweg gibt, zu sterben, und war ungefähr 70 Jahre lang einverstanden, daß das Leben kurz ist. Sterben um die 70 ist »populär«, und eine beliebte Methode, sich selbst umzubringen, besteht darin, Krebs oder ein Herzleiden oder eine ähnliche Katastrophe zu schaffen. Ein

»Todesgläubiger« ist überzeugt davon, daß es eben nun mal so ist und daß er keine andere Wahl hat. Dafür haßt er häufig insgeheim Gott. Zwei Todesgläubige neigen dazu, sich gegenseitig in diesem Glauben zu bestärken, und gehen dann gemeinsam zu Grabe. Sie sind die Opfer eines Überzeugungssystems geworden, das durch Jahrhunderte weitergegeben wurde.

Ein Unsterblicher weiß, daß dies nicht die Art ist, in der Gott seine Kinder heimholen wollte. Ein Unsterblicher weiß, daß er seinen Körper beherrschen kann, wenn er seine Gedanken beherrscht; und daß er zunehmend die Schwingung in seinen Zellen steigern kann, um seine Lebendigkeit und Jugendlichkeit zu steigern. Er kommt zusammen mit anderen Unsterblichen, die ihm bei der Erreichung dieses Ziels behilflich sind. Zusammen bilden sie eine heile Beziehung, um auf der Welt Licht zu verbreiten. Ein Unsterblicher wird angezogen von denen, die das Leben lieben, die positive Gedanken und wundervolle Energien haben.

Vor diesem Jahrzehnt war es jedoch gefährlich, über solche Gedanken zu sprechen, die »unerhört« schienen. Die Unsterblichen haben dieses »Geheimnis« mehr oder weniger für sich behalten, um nicht eingesperrt, ausgelacht oder gesteinigt zu werden. (Die meisten Menschen »vertreten lieber ihren Standpunkt«, daß der Tod unvermeidlich ist, anstatt eine andere Möglichkeit in Erwägung zu ziehen; die Menschen hassen es, Unrecht zu haben.) Nun aber, dank einiger tapferer Seelen wie mein guter Freund Bobby Birdsall und Leonard Orr, die den Mut hatten, über dieses Thema öffentlich zu sprechen, schon bevor es populär zu werden begann, ist Bewegung in die Sache gekommen. Meine Beziehung zu diesen beiden Männern ist wirklich erstaunlich, und ich bedauere nur, daß ich den Zauber dieser Beziehung nicht zu meiner eigenen Zufriedenheit beschreiben kann. Und da ist natürlich Babaji, der unsterbliche Meister, der unser Lehrer ist; während ich dieses Buch beende, ist Leonard wieder mit ihm im Himalaya.

Ich möchte auch, daß Sie eine Vorstellung von meinen anderen Beziehungen mit Unsterblichen gewinnen, insbesondere zu den anderen diplomierten Rebirthern, die für mich wie Mitjünger sind. Die Art und Weise, wie ich jedem begegnet bin, grenzt ans Wunderbare und unsere Zusammenkünfte sind die absoluten Höhepunkte meines Lebens. Im Augenblick reisen wir alle ständig umher, um Heilung und Liebe und Unsterblichkeit und Rebirthing zu vermitteln. Ich bin sehr beeindruckt von der Arbeit und den Beiträgen jedes einzelnen dieser Kollegen. Diese Ehre des Diploms habe ich immer wie einen spirituellen Ritus angesehen. Wir setzen uns ganz für einander und die Heilung des Planeten ein. Einer der wohl wichtigsten Aspekte im Aufbau unserer Beziehung ist die Art und Weise, wie wir ein »Überprüfungs- und Ausgleichs«-Abkommen getroffen haben, so daß wir sogar jemandem die Qualifikation absprechen können, der nicht der Qualität dessen entspricht, was wir spirituell erwarten. Daher gibt es keinen laschen Einsatz und keine »Anstellung« auf Lebenszeit. Wir stimmen völlig darin überein, daß wir uns jeden Augenblick ganz Gott, dem Rebirthing, der Unsterblichkeit, der Wahrheit und dem höchsten spirituellen Gedanken verpflichtet fühlen. Jeder von uns hat die gleiche Aufgabe – und wir setzen uns ein mit allem, was wir haben. Es besteht eine immerwährende Verbindung, die über alle kleinlichen Ärgernisse oder Probleme hinausgeht. Es ist eine spirituelle Familie, die sich der Aufgabe, dem Höchsten zu dienen, verschrieben hat.

33. Kapitel

Bobby

Als meine Mutter Bobby Birdsall begegnete, war das erste, was sie sagte: »Dieser Mann ist ein Wunder.«

Bei unserer ersten Begegnung haßte ich Bobby Birdsall von Grund auf. Meine Mutter, die meine erste Trainierin war, sah bezüglich Bobby offensichtlich klarer und intuitiver. Aber nicht für sehr lange. Ich habe ungefähr fünf Minuten gebraucht, um die Wahrheit zu begreifen. Mir wurde bewußt, daß, wenn jemand sofort Haßgefühle in mir hochbringen konnte (die ich sonst fast nie empfinde), er mein höchster Lehrer sein mußte. Daher ging ich auf ihn zu und fragte ihn, ob ich Frühstück für ihn machen könne – für diesen Fremden, diesen kleinen Mann, der das Treffen in meinem Haus übernahm, ohne sich überhaupt vorzustellen, dieser Mann, der die Wahrheit so schnell aussprach, daß ich sie fast schmerzlich empfand. Doch auf irgendeiner Ebene wußte ich, daß es mein eigener Haß war, den ich in seiner Gegenwart empfand. Irgendwie sprengte seine immense Energie (immense Liebe) aus meinem Innern den Haß heraus, den ich lieber nicht gesehen hätte. Aber offensichtlich war ich dazu doch bereit. Ich ließ mich auf ihn ein, und beim Frühstück überließ ich mich ihm, soweit ich dies vermochte. Doch ich brauchte über ein Jahr oder sogar über zwei Jahre, bis ich mich ihm völlig hingab. Ich hatte Angst vor ihm. Er schien wild und impulsiv – und viel zu klug. Ich hatte schreckliche Angst, er könnte wütend auf mich werden. Ich wußte, er konnte in meinen Gedanken lesen.

Doch dann eines Tages bestätigte er mich, dieser Mann, den ich kaum kannte und der mich dennoch so gut kannte. Er sagte: »Du bist ein wenig unbesonnen, aber ich glaube nicht, daß du einen negativen

Gedanken in deinem Kopf hast.« Ich konnte kaum glauben, daß dieser Mann mich so sehr liebte und mich total anerkannte. Ein weiteres Jahr verging, und wir kamen uns in Indien ein wenig näher, als wir uns an fremden Orten herumtrieben.

Eines Tages rief mich der Manager vom Zentrum in New York an und fragte mich, ob es in Ordnung sei, daß Bobby Birdsall während des Rebirthens im LRT assistierte, obwohl er niemals selbst am Training teilgenommen hatte. Dies war gegen meine Grundsätze; doch ich sagte augenblicklich »JA«, denn Bobby ist in meinen Augen in jeder Beziehung eine Ausnahme. Doch dann wurde mir ganz angst. Ich fürchtete mich vor zwei Dingen: Entweder Bobby würde wütend und das LRT verlassen, oder er würde die ganze Sache an sich reißen.

Als ich nach New York kam, war Bobby nicht da. Er kam später. Sein Auto explodierte unterwegs, was er sofort vor der Gruppe bekannte und zugab, daß dies geschah, weil er sich gegen Liebe wehrte. Obwohl er zu spät kam, war er genau rechtzeitig da, um eingeführt zu werden. Er war also der letzte. Er stand auf und sagte: »Ich bin hier um zu weinen«, setzte sich hin und tat genau das. Er vertraute sich mir ganz und gar an, nahm am gesamten Training teil und übernahm nur, wenn ich ihn telepathisch darum bat. Es war das einzige Mal in der Geschichte des LRT, daß alle Teilnehmer ein spontanes Rebirthing erlebten. Ich fühlte mich mit ihm zusammen so sicher in dem Raum, daß ich einfach mit dem weitermachte, was ich gerade tat (Teilnahme in der Heilung einer Frau, die sich selbst wieder als autistisches Kind erlebte). Ich wußte, Bobby hatte die anderen Teilnehmer unter Kontrolle, obwohl alle atmend auf dem Boden lagen. Nicht einmal brauchte ich der Frau, mit der ich arbeitete, den Rücken zuzudrehen oder weggehen. Bis dahin war dies das hervorragendste Training überhaupt. Ich nehme an, daß damit unsere wahre Arbeitsbeziehung begann. Nach dem Training kam er zu mir und sagte: »Ich werde dir immer folgen.« Und ich dachte, ich folgte ihm. Nun sah ich, daß ich dem folgte, der mir folgt.

Während des Trainings, als Bobby mein »Schüler« war, geschah etwas Interessantes. Als er sich als Waise wiedererlebte, wurde er sehr traurig und geriet in eine Sackgasse. Zuerst sah ich ihn nicht, aufgerollt wie ein Fötus in seinem Stuhl. Doch ich merkte, daß die Energie im Raum ganz plötzlich unglaublich verdichtet war, und ich konnte nicht mehr richtig denken. In diesem Augenblick blockierte draußen auf dem Parkplatz in einem Auto eine Hupe. Sie trötete und trötete. Ich drehte mich zur Gruppe und sagte: »Irgend jemand hier drinnen hängt total fest«, und mein Kopf drehte sich direkt in Bobbys Richtung. Ich forderte ihn auf, sich zu erheben und uns seine Gefühle mitzuteilen. Sobald er das tat, war die Hupe still. Als er sich hinsetzte, ging die Hupe wieder los. Daher bat ich ihn wieder, aufzustehen und uns auch den Rest noch zu sagen. Nachdem das geschehen war, hörte die Hupe endgültig auf und ging nicht wieder los. So ist das eben mit Bobby! (Ich habe erlebt, daß Aufzüge zwischen zwei Etagen stehenblieben, wenn er jemandem im Aufzug eine wichtige Mitteilung zu geben hatte. Ich habe gesehen, wie er nachts mit geschlossenen Augen sieben Kurven umfuhr. Das Komische daran ist, daß ich niemals Angst empfand. Ich hob meinen Kopf und stellte fest, daß er beim Fahren schlief, und ich konnte mich hinlegen in dem Wissen, daß einfach alles in Ordnung war.)

Irgendwo haben dann unsere gemeinsamen Wege begonnen ..., wir können uns, so scheint es, nicht erinnern, wann das war. Es ist erst zwei Jahre her, doch mir kommt es wie eine Million Jahre vor. Ein Tag ist wie ein Jahr, wenn ich mit Bobby zusammen bin. Das ist so, weil wir in einen Tag mehr als ein ganzes Jahr hineinpacken. Manchmal erspart mir ein Satz von Bobby Jahre.

Eines Tages schaute ich Bobby an und wußte, daß wir diese Sache gemeinsam tun würden und wußte, daß wir vierundzwanzig Stunden des Tages in allen möglichen Situationen auskommen müssen, und wußte, daß wir beide äußerst kraftvoll sind, und wußte auch, daß ich nicht wollte, daß diese Beziehung chaotisch würde, und wußte, daß sie gesprengt werden könnte durch all die Energie, es sei denn, mir würde etwas einfallen, um sie in den Griff zu bekommen. Und ich wußte auch, daß unsere spirituelle Beziehung im Vordergrund stand, und da ich wußte, daß auch er sich all dessen bewußt war, sagte ich *endlich*: »Bobby, ich denke, wir sollten es versuchen: Damit unsere Freundschaft vollkommen bleibt und wir verhindern, daß sie sich jemals sprengt, wollen wir uns auf ein Spiel einigen, indem wir uns in jedem Augenblick dem höchsten spirituellen Gedanken unterwerfen. Hast du diesen Gedanken, dann gebe ich nach und *rücke von meiner Position ab*. Habe ich den höchsten spirituellen Gedanken, dann gibst du nach und gehst von deiner Einstellung ab. Es wird leicht sein, den höchsten spirituellen Gedanken in unseren Körpern zu spüren. Und sollte das einmal nicht der Fall sein, dann trennen wir uns eine Weile und meditieren.

Er stimmte meinem Spiel sofort zu, was mich überraschte. Er stimmte nicht nur zu, sondern begriff es völlig und bat mich weder, zu wiederholen, was ich meinte, noch stellte er mir je eine Frage dazu. Seit dieser Zeit spielen wir dieses Spiel, und wir spielen es gut und es wird von Minute zu Minute besser. Bobby erzählt überall gerne, daß die einzigen Auseinandersetzungen, die wir je hatten, nie mehr als fünf Minuten dauerten.

Bobby schreit mich nur dann an, wenn mein Denken blockiert ist. Ich versuche sicherzugehen, daß er weder lange noch häufig schreien muß. In dem Augenblick, da er zu schreien beginnt, weiß ich, daß mein Verstand blockiert sein muß. Dies geschieht häufig dann, wenn ich mich davor fürchte, auf eine neue Ebene zu springen. Er hat immer recht gehabt.

Was kannst du schon sagen, wenn du weißt, daß der andere jederzeit leicht in deinen eigenen Gedanken lesen kann? Manchmal, wenn wir wieder zusammenkommen, nachdem wir einige Tage getrennt verbracht haben, kommt er auf mich zu und sagt mir ganz sanft: »Hab' keine Angst, ich habe deine Gedanken gelesen, noch bevor du herkamst.« Ich brauche nur bereit zu bleiben, mich offen zu halten, und das ständig! Ich wußte, was ich tat, als ich ihn so völlig in mein Leben hinein ließ. Ohne seine Ermutigung und seinen Zuspruch hätte ich meine Arbeit schon lange aufgegeben oder zerstört. Und die Beziehung ist nicht einseitig, denn Bobby weiß, daß auch ich ihn heile. Und er weiß, daß ich alles tun würde, um ihn durch eine Sache hindurchzubringen, die in seinem Bewußtsein nicht funktioniert.

Jedesmal wenn ich im Begriff bin, zu ernst oder schwermütig zu werden, ist Bobby sofort da, um mich mit einem Lachen zu knacken.

Und jede Beschwerde, die ich habe, scheint sich sofort aufzulösen, wenn er in der Nähe ist. Mit ihm zusammen ist es mir unmöglich, an einem negativen Bewußtseinszustand festzuhalten. Mit anderen Worten, ich muß ständig willens sein, von der augenblicklichen Position herunterzukommen, und ich bin dazu bereit, daher gibt es kaum Probleme.

Zeitweise kann mein Verstand eine so tiefe Freundschaft wie die unsere kaum erfassen. Mein Verstand kann so viel Liebe wie diese nicht fassen, insbesondere, da wir keine sexuellen Partner sind. (Wir sagen immer, daß wir einander anheben, aber nicht anmachen.) Unsere spirituelle Aufgabe war uns immer ganz klar, und von Anfang an hatten wir ein Verhältnis wie Geschwister. Doch im Anfang, als wir wenig Geld hatten und uns unterwegs nur ein Hotelzimmer leisten konnten, schliefen wir häufig in einem Bett. Meist endete es so, daß unsere Köpfe zusammen und die Körper auseinander lagen, wie eine Pyramide. Die Energie war wie tausend Blitzschläge zusammen. Wir konnten niemals schlafen, weil einfach zuviel Energie da war; deshalb standen wir auf und unternahmen lange Spaziergänge in der Stadt, in der wir arbeiteten. Manchmal schaue ich ihn an und denke, er weiß etwas über mich, was ich nicht weiß. Er verhält sich so, als sähe er mein gesamtes Leben voraus und wüßte genau, wie ich eigentlich weitermachen sollte.

Früher machte ich mir Sorgen, wie ein anderer Mann in meinem Leben hiermit fertig werden würde. Wie würde eine Liebesbeziehung auf meine Verbindung mit Bobby reagieren? Schließlich sieht es so aus, als seien Bobby und ich immer zusammen. Wir sind ein Paket. Doch dann erkannte ich eines Tages, daß ich mit einem Mann, der Bobby nicht so lieben kann, wie ich das tue, sowieso nicht zusammensein möchte.

Bobby hat dem Mann in meinem Leben stets sein ganzes Herz geschenkt. Er hat ihn begeistert, in Erstaunen versetzt, ihn gelobt, geheilt, ihn weitergebracht, ihn alles gelehrt. Selbst wenn er wußte, daß der Mann nicht gut für mich war, half er mir dabei und unterstützte mich. Doch wenn er je sah, daß ich zu sehr litt oder zu durcheinander war und meine Arbeit durch diese Beziehung beeinträchtigt wurde, dann nahm er still das Bild dieses Mannes von meiner Pinnwand, um mich aufzuwecken.

Meine Freundschaft mit Bobby hat mich sicherlich nicht davon abgehalten, andere Männer anzuziehen, sie behindert auch in keiner Weise meine Beziehung zu anderen Männern, sie bereichert sie nur. Ich kann mich mit ihm jederzeit hinsetzen und alle Schwierigkeiten bereinigen. Dies geschieht sowohl gründlich wie auch schnell, sofern wir bereit sind, uns völlig offenzulegen und uns dem höchsten spirituellen Gedanken zu unterwerfen. Ich räume Bobby natürlich den gleichen Freiraum ein, wenn er mit einer anderen Frau zusammen ist.

Wir empfehlen Ihnen sehr, daß Sie neben Ihrem Partner jemanden haben, dem Sie sich ganz anvertrauen können. Jemand, den Sie lieben und dem Sie vertrauen und der Ihnen keine Schuldgefühle vermittelt.

Meine Beziehungen sind für einige Menschen sicher ungewohnt, passen sie doch in keine traditionelle Form hinein. Es gibt häufig Veränderungen, ich experimentiere und oft bin ich mit ungewöhnlichen Untersuchungen beschäftigt. Mein Hauptziel ist es jedoch stets gewesen, alle Arten von Beziehungen ohne Schmerzen zu meistern. Ich wollte die Kunst der Ehe meistern, das Alleineleben, das Leben mit einem anderen Menschen, mehrere Beziehungen gleichzeitig und alle anderen Formen. Ich wünsche mir, vermitteln zu können, wie man sich schmerzlos Beziehungen schafft, ohne Leid in einer Beziehung lebt und ohne Leid eine Beziehung verändert.

Und ich habe sehr viel von Bobby gelernt: Es gibt kein *Sollte*, es gibt kein *Müßte*. Sie müssen nicht unter allen Umständen Beziehungen haben. Sie müssen nicht verheiratet sein, um okay zu sein. Nur weil jemand anders verheiratet ist oder in einer guten Beziehung steckt, sind weder diese Menschen besser noch Sie schlechter. Nur weil Ihre Beziehung Veränderungen unterworfen ist, heißt das nicht, daß Ihr Leben für Sie nicht funktioniert. *Sie bekommen immer das, was Sie brauchen.* Es mag Zeiten in Ihrem Leben geben, da Sie alleine sein müssen, und das ist dann die gesündeste Sache. Es mag Zeiten in Ihrem Leben geben, da brauchen Sie viele Beziehungen, um viele Lektionen zu lernen. Ein andermal lehrt Sie vielleicht eine Ehe am meisten. Sie werden die Dinge immer so einrichten, daß Sie das lernen, was wichtig für Sie ist, und so schaffen Sie sich auf natürliche Weise Situationen, die Sie am schnellsten heilen und Ihr Ego aufgeben lassen. Alle möglichen Arten unterschiedlicher Beziehungen laufen im Universum ab und sie alle heilen, ohne daß eine Art besser ist als eine andere.

Ihre Hauptaufgabe liegt jedoch darin, Ihre Beziehung zum *Universum* zu klären. Wenn diese Beziehung funktioniert, dann funktionieren alle anderen auch, ganz gleich, wie und in welcher Art Sie eingebunden sind oder nicht.

34. Kapitel

Jim

Ich kannte Jim Morningstar noch nicht sehr gut, als er sein Diplom erhielt. Doch ich unterschrieb die Urkunde, weil meine Intuition mir sagte, was ich wissen mußte. Ich wußte, er war ein exzellenter Rebirther und er setzte sich psychisch ganz und gar ein. Aus höherer Sicht konnte ich keinen Grund sehen, warum ihm diese Ehre nicht zuteil werden sollte. Er ist wahrscheinlich der erste, dem ich nur aufgrund von Telepathie das Diplom gab. Und ich lag nicht falsch. Während des diesjährigen Jubiläums war seine Art und Weise, wie er die Gruppe zusammenhielt, einfach brilliant. Zeitweise haben wir ihn gebettelt, die Führung zu übernehmen und unser Treffen zu leiten. Er schien derjenige zu sein, der uns am besten an unser Ziel erinnern und das Treffen leiten konnte.

Jim ist im Augenblick der einzige bestätigte Rebirther, der verheiratet ist und Kinder hat. Dies ist ein Gewinn für die anderen, weil er zum Gleichgewicht der Gruppe beiträgt. Während wir durch das ganze Land reisen, ist er seßhafter und wirkt vom Mittelwesten aus (Milwaukee). Dies war für uns alle sehr hilfreich, denn so wußten wir, daß wenigstens Jim zu finden war. Er ist völlig bereit gewesen, die Verantwortung für Theta International zu übernehmen, etwas, das wir anderen mieden, und wir alle sind ihm dafür dankbar.

Wir sehen ihn als den, der uns irgendwie »zusammenbringt«, was häufig eine sehr schwierige Aufgabe ist, denn unsere Termine ändern sich oft sehr kurzfristig.

Ich bin immer von Jims Gesicht fasziniert gewesen, weil es für mich unglaubliche Weisheit ausstrahlt und weil er eine sehr alte Seele ist.

Als ich vor kurzem Jim und seine Frau Joan besuchte, war ich noch wie weg von einer Erfahrung, die ich gerade durchgemacht hatte. Wir blieben buchstäblich die ganze Nacht auf und diskutierten über Körperbeherrschung – um teleportieren u. a. zu lernen – doch hauptsächlich, um uns zu lieben und zu heilen. Ich hatte das Gefühl, Jim würde noch zehn Nächte hintereinander mit mir aufbleiben, falls ich das brauchte. Obwohl ich nie die Qualität seiner Arbeit oder die Tatsache bezweifelte, daß er das Diplom verdient hatte, hatten mich meine ständigen Reisen davon abgehalten, ihn so gut kennenzulernen wie die anderen.

Eines Nachts gingen wir alle in die Wanne. Bobby hatte seit Stunden selbst Rebirthing gemacht. Ich hatte bisher kein Rebirthing im Wasser mit Jim erlebt. Er war so vollkommen, daß ich still zu weinen begann und los ließ. Es war ein vollkommenes kurzes Rebirthing; in den nächsten zwei Tagen geschah jedoch etwas Erstaunliches. Meine Brüste und meine Hüften begannen zu wachsen. Ich war ganz einfach perplex. Meine Hüften waren da, wo man mich bei der Geburt verletzt hatte und aus der Furcht vor weiteren Schlägen immer sehr flach gewesen. Während des Rebirthens mit Jim und Bobby zusammen muß ich mich so sicher gefühlt haben, daß ich Hormone freisetzte, die ich bisher unterdrückt hatte.

Beziehungen und Körper-Typen

Mein Körper teilt mit, wie es mit meiner Liebesbeziehung zu mir selbst steht, vierundzwanzig Stunden pro Tag. Wenn ich mich selbst bekämpfe – mich selbst verurteile – mich selbst bestrafe – dann spielt mein Körper dieses Drama der Welt sehr deutlich vor. In einem Versuch, dies zu verbergen, versuchen viele Leute zu verschwinden, ihren Körper zu verlassen (vielleicht zu »höheren spirituellen Ebenen«), wenn sie beginnen, sich negativ zu fühlen. Der Körper wird auf »Automatische Steuerung« geschaltet, bis sozusagen der »Dampf raus ist«. Diese vorübergehende Leere ist jedoch ein direkter Hinweis darüber, wo ich augenblicklich mit mir selbst stehe – nicht ansprechbar!

Rebirthing setzt die Furchtebene in meinem Körper herab. Ich fühle mich jetzt sicher genug auszuharren, wenn es um mich herum heiß hergeht. Ich beginne nun sogar, negative Energie in Freude umzuwandeln. Mein Körper ist das Barometer dafür, wieviel Freude ich mir selbst regelmäßig zugestehe, wieviel Sicherheit ich integriert und wieviel Furcht ich freigesetzt habe. Von diesem Gesichtspunkt aus betrachtet dient mein Körper als Meßinstrument für meine Sicherheit und meine Furcht und reagiert auf jeden meiner Gedanken. Inwieweit ich in meinem Körper bin, spiegelt auch inwieweit ich bereit bin, mir meines Grundvertrauens bewußt zu sein.

Ich beobachte, daß wir alle intuitiv nicht nur unsere eigene Körpermitteilung, sondern auch die anderer Menschen wahrnehmen. Es gibt jedoch einen Unterschied, inwieweit jeder von uns willens ist, dieses intuitive Empfinden in unser bewußtes Wahrnehmen einzulassen. Ich erlebe eine gegenseitige Anziehung mit Menschen, die ein ähnliches Maß an Sicherheit in ihrem Leben haben. Ob sie nun stets über sich hinauswachsen oder zurückhängen und andere vorlassen, ist lediglich eine Variante des Stils. Es ist ihre grundsätzliche Vertrauens- und Liebes-Ebene, die ihr Körper im physischen Universum zum Ausdruck bringt, die mich anzieht.

Diejenigen, die im physischen Universum in meinen Augen mehr Sicherheit und Meisterschaft besitzen, habe ich immer auf ein Podest gestellt. Dort blieben sie, fern und unberührbar. Als ich begann, meinem Körper die gleiche Vertrauensebene zuzugestehen und anzuerkennen, die sie nach meinem Empfinden besaßen, nahm ich sie von diesem Podest herunter und hatte physischen, körperlichen Kontakt zu ihnen, umarmte sie, ging mit ihnen zum Essen usw.

Innerhalb der unterschiedlichen Sicherheitsebenen gibt es Unterschiede der Körpertypen. Sie sind wie die Grundmelodie einer Persönlichkeit, die ich beibehalten kann, obwohl ich meine Sicherheitsebene erhöhe. Diese Grundthemen nehme ich im allgemeinen, je sicherer ich werde, immer weniger ernst und identifiziere mich damit auch weniger. Der Körpertypus reflektiert meinen Charakter und bestimmt die Tonlage für die Annäherung an andere Körper, d.h. meine Beziehungen.

Der erste Körpertypus wird als *fragmentarisch* (unzusammenhängend) bezeichnet. Menschen, die überwiegend diesem Typus angehören, haben in ihrem frühen Leben anscheinend Kälte, Ablehnung, Feindseligkeit erfahren, entweder vor der Geburt oder ungefähr zum Zeitpunkt der Geburt. Sie haben die Grundüberzeugung, daß die Welt (und ihr Körper) kein sicherer Aufenthaltsort ist. Als Schutz vor dieser Überzeugung nehmen sie eine distanzierte Haltung ein, sehen sich selbst als freien Geist, z. B., der über materiellen oder irdischen Angelegenheiten steht. Ihre Körper erscheinen unzusammenhängend, wie eine Sammlung von Teilen, die nicht richtig zusammenarbeiten. Ihr Körper vermittelt einen frostigen Eindruck, ganz besonders die maskenhaften Gesichtszüge. Direkter oder warmer Augenkontakt erfolgt kaum. Sie fürchten sich davor, sie könnten, wenn sie völlig in ihrem Körper sind und mit einem anderen Kontakt aufnehmen, ihre ursprünglichen Gefühle des Schreckens und der Wut herauslassen, bevor sie sich für Vergebung entschieden. Daher neigen sie in Abwehrreaktion unter Streß zunächst zur Flucht, indem Sie den betreffenden Ort körperlich, oder, wo das nicht sicher ist, seelisch verlassen. Sie entwickeln eine extreme innere Sensibilität auf ihre Welt (wenn sie nicht kämpfen können, müssen sie ständig auf dem Sprung zur Flucht stehen). Diese Sensibilität zeigt sich oft in großartigem künstlerischem und kreativem Ausdruck.

Ihre Beziehungen sind häufig intellektuell oder »spirituell«. Wird die Beziehung körperlich, verhalten sie sich mechanisch (leer) oder nehmen die Persönlichkeit des anderen an, um sich Gefühle erlauben zu können. Sie teilen sich in Vorstellungen mit, doch Kommunikation über ihre wirklichen Gefühle ist schwierig. Wo die Gefahr unangenehmer Gefühle besteht, werden diese vermieden, oder sie sind fort, plötzlich und ohne Erklärung. Sie spüren echte Wärme und Sicherheit und fühlen sich davon angezogen, wissen aber auch, wann man wütend auf sie ist oder etwas zurückhält. Wonach sie in sich selbst und in ihren Beziehungen suchen, ist diese Grundsicherheit im Körperempfinden, ihre Gefühle auszudrücken und ihre Körper, Nahrung, Kleidung, Sex usw. zu genießen. Wenn man die Furchtebene dieser Menschen akzeptieren kann, sie im eigenen Tempo vorangehen läßt und aufrichtig ist in der Beziehung zu ihnen, dann beginnt sich die Tür zu ihren Herzen zu öffnen. Sie bleiben dann entweder, oder sie kommen immer wieder zurück, um die Liebe als Kehrseite der früheren Furcht anzunehmen. Sind sie dann fest in ihren Körpern, dann nimmt der künstlerische und kreative Ausdruck eine andere Qualität an, und der Reichtum ihrer Sensibilität und ihres Ausdrucks ist wahrlich eine Belohnung.

Der zweite Körpertypus ist der des *oralen* Menschen, dessen frühe Erfahrungen (meist während des ersten Jahres) nicht darin bestand, daß er unerwünscht war oder gehaßt wurde, sondern vielmehr darin, daß man ihn verließ oder daß es nicht genug für ihn gab – Entbehrung. Ihre Grundüberzeugung ist, daß sie niemals genug bekommen. Ihre Gegen- oder Reaktionsthese ist: »Wenn ich genug liebe, liebt man mich«, oder nur »Ich genüge mir selbst«. Ihr Körper reflektiert dieses Empfinden des Mangels mit einem eingefallenen Brustraum (wenngleich die Brüste einer Frau durchaus groß sein können). Ihr Becken ist meist nach vorne geschoben und die Kniegelenke nach hinten durchgedrückt, wobei sie das Gefühl vermitteln, sie hätten Mühe, sich aufrecht zu halten. Häufig empfinden sie sich selbst im Kopf (der vielfach nach vorne geschoben ist), besonders in der Region des Mundes. Sie spielen gerne die Rolle des »Daumenlutschers«, saugen die Liebe auf, an der es ihnen scheinbar mangelt. Doch gibt man ihnen Liebe oder Aufmerksamkeit, dann ist es niemals genug. Unter Streß fallen sie oft zusammen. Sie haben die Fähigkeit zu lernen, was andere wünschen – Einfühlungsvermögen. Vielleicht – wenn sie anderen geben, was sie sich wünschen – bekommen sie ebenfalls, was sie sich wünschen.

Lernen sie in einer Beziehung die Kunst des völligen Annehmens, dann werden sie den anderen nicht mehr aussaugen oder so tun, als brauchten sie niemanden. Sie ziehen häufig solche Menschen an, die vor Energie, Brillianz und Selbstgenügsamkeit bersten. Ist jedoch der andere nicht da, um ihnen durch ihre trüben Zeiten oder Depressionen hindurchzuhelfen, dann sind sie ärgerlich. Man hilft diesen Menschen am besten, wenn man ihnen den Glauben an ihre tatsächliche Fähigkeit vermittelt, sich selbst durch die Höhen und Tiefen ihrer Erfahrungen zu bringen. Kaufen Sie ihnen keinesfalls ab, daß sie selbst oder Sie nicht genug getan hätten. Da diese Menschen die Angst vor dem Verlust loslassen – was eigentliche Selbstaufgabe ist, wenn sie sich alleine glauben – ist es eine Freude, ihre Einfühlsamkeit, die Erfahrung ihrer Großzügigkeit im Geben und Nehmen zu erfahren.

Der dritte Körpertypus wird als *aufwärts drängend* bezeichnet. Ganz früh im Leben (gewöhnlich zwischen dem ersten und dritten Lebensjahr) findet ein Machtkampf darüber statt, wessen Willen den Körper kontrolliert – der eigene Wille oder ein fremder. Empfinden zum Beispiel die Eltern den sich entwickelnden Willen ihres Kindes als Bedrohung der eigenen Autorität und gelingt es ihnen, das Kind zu unterdrücken oder es zu ihrem Willen zu verleiten, dann könnte das Kind daraus schließen, daß alle Beziehungen als Wettstreit darum anzusehen seien, wer wohl gewinnt. »Herr der Situation sein« bedeutet über jedem Gefühl von Schwäche oder Hilflosigkeit stehen. Nach ihrer Grundüberzeugung bedeutet das Eingeständnis eines Gefühls Schwäche, da ihre Gefühle nie eine Rolle spielten, wenn es darum ging, was sie sich von ihren Eltern wünschten. Ihre Gegenmaßnahme heißt: »Ich habe die Kontrolle.«

Ihr Körper kann dieses »Sich-über-eine-Situation-Erheben« oder Niederkämpfen so ausdrücken, daß der Oberkörper groß und muskulös ist, das Becken und die Beine jedoch vergleichsweise dünn. Oder der Körper hat sogar gleichmäßigere Proportionen, sie besitzen jedoch sehr verführerische und unwiderstehliche Augen. Unter Streß kontrollieren sie die Situation, erheben sich darüber, oder manipulieren in verführerischer Weise, um ihren Willen zu bekommen. Häufig entwickeln sie in hohem Maße Führungseigenschaften und besitzen ein Talent, ihren Standpunkt bis zum Sieg zu vertreten, während andere Deckung suchen. Sie denken in großen Maßstäben.

In Beziehungen können sie sehr glatt sein, man mag sie sofort. Nachdem man sie eine Weile kennt, merkt man jedoch, daß man sie nicht wirklich kennt. Nur selten äußern sie ihre verborgenen Gefühle und reagieren sehr abwehrend, wenn sie fürchten, kontrolliert zu werden. Gelingt es einem, das eigene Selbstwertgefühl angesichts ihrer Bedrohung und bedrohenden Gefühle aufrecht zu erhalten, dann hilft man diesen Menschen, ihre Furcht davor zu lassen, keine Stärke zu haben. Sie beginnen zu erkennen, daß Stärke und Liebenswürdigkeit nicht abhängig davon sind, ob sie ihren Willen bekommen oder nicht. Sie lernen, nachzugeben und das eher als Spaß denn als Niederlage zu empfinden. Sie können dann den Kampf um Kontrolle aufgeben und ihre Führungseigenschaften einsetzen, um zur Freude in ihren Beziehungen mit sich selbst und der Menschen in ihrer Umgebung zu führen.

Der vierte Körpertypus ist der *zurückhaltende*. Hier geht es um Scham, häufig eine frühe Erfahrung der Demütigung, weil etwas nicht zurückgehalten wurde, was nach Meinung der Eltern hätte zurückgehalten werden müssen. Das wohl offensichtlichste Beispiel dafür ist die Sauberkeit (im zweiten bis dritten Jahr). Die Grundüberzeugung heißt: Ich werde geliebt, wenn ich mein »Geschäft« zurückhalte, und lächerlich gemacht, wenn ich es zur unpassenden Zeit herauslasse. Das Leben ist ein Kampf des Zurückhaltens und »ich muß leiden und brav sein, damit ich bekomme, was ich mir wünsche«. Daher muß ich ständig arbeiten, und schließlich »weiß niemand die Arbeit zu schätzen, die ich für sie getan habe«. Ihr Körper erscheint kurz und breit. Der Hals ist dick, der Rumpf normalerweise größer mit kurzer und gedrungener Taille, das Steißbein ist versteckt (wie ein Hund mit eingezogenem Schwanz) und der Po ist flach und häufig im Verhältnis zu den sonstigen Proportionen des Rumpfes klein. In Streß-Situationen neigen sie dazu, andere zu provozieren oder sonstwie auf indirekte Weise mit ihrer Wut umzugehen, indem sie jammern, sarkastisch sind oder sich beschweren. Das von ihnen entwickelte Talent besteht im Durchhaltevermögen, wenn sie helfen. Sie werden noch bei einem aushalten und mit einem ein Projekt ausarbeiten, lange nachdem andere frustriert aufgegeben haben und gegangen sind.

Der zurückhaltende Mensch neigt in punkto Beziehungen dazu, Verletzungen und Wutgefühle zu hamstern. Er tut das, was man von ihm wünscht, doch häufig mit darunterliegender Ablehnung, wenn es nicht das ist, was er selbst wünscht, und dann fühlt er sich in seinen Bemühungen nicht anerkannt. »Du weißt nicht, was ich für dich alles ertragen habe.« Unter diesem schweren Kampf wartet ein schöpferischer Geist darauf, freudig freigesetzt zu werden. Der Schlüssel liegt oft darin, ihnen freizügig zu geben und von ihnen zu empfangen. Wenn solche Menschen wissen, daß sie Ihnen keinen Gefallen tun müssen, um geliebt zu werden und daß ihnen nichts geschieht, wenn sie ihren Zorn zum Ausdruck bringen, dann öffnet sich der Weg zu ihrem Herzen. Sie werden versuchen, Sie so schwer für ihre Liebe »arbeiten« zu lassen, wie sie selbst das für Ihre Liebe tun. Mit der Zeit lernen sie den Unterschied schätzen zwischen erarbeiteter, verdienter Liebe und Liebe, die man sich gönnt, unabhängig davon, welchen Unsinn man auch angestellt haben mag. Unter ihrer Schutzhülle besitzen die zurückhaltenden Menschen einen Reichtum an Wärme und kreativen Ausdruck, den sie mit anderen teilen möchten.

Der fünfte und letzte Körpertypus ist der des *starren* Menschen. Sie haben schon früh Enttäuschungen in ihren Mann-Frau-Beziehungen erfahren. Bis zum Auftauchen ihrer Sexualität fühlten sie sich geliebt und angenommen (gewöhnlich drittes bis fünftes Lebensjahr) und dann wurden sie scheinbar vom gegengeschlechtlichen Elternteil abgelehnt. Ihr Tenor ist: »Niemand wird mich je wieder verletzen.« Ihre Überzeugung lautet: »Ich bin ein liebevoller Mensch, den niemand versteht.« Sie haben eine starke präsexuelle Grundlage für Liebe und Unterstützung und ihre Körper sind meist wohlproportioniert, energisch und lebhaft. Ihre Augen sind klar, doch um ihren Rumpf befindet sich eine Rüstung; ihr Rücken ist starr. Sie sind häufig erfolgreich, von angenehmem Äußeren und scheinen mit beiden Beinen fest auf dem Boden zu stehen. In Streß-Situationen lassen sie eher Dampf ab als etwas zurückzuhalten. Sie besitzen ein Talent dafür, in wirkungsvoller Weise mit der materiellen Welt umzugehen.

In Beziehungen jedoch gibt es einen Bruch zwischen ihrer Liebe und ihrer Sexualität. Ihnen kommt es vor, als könnten sie entweder das eine oder das andere haben, aber nicht beides in der einen geliebten Person. Sie sind ständig auf der Suche nach Erfolg in der Liebe und sind dann enttäuscht, wenn die Intimität die verborgenen Ängste und Verletzungen ans Tageslicht bringt. Bei Männern führt das zum Syndrom Madonna/Prostituierte: »Ich liebe und bewundere meine Frau, doch sexuelles Vergnügen kann ich nur mit jemandem haben, der nicht wie Mama ist.« Bei Frauen führt das zu unterschwelligen Verführungskünsten, sie ziehen Männer mit der unteren Hälfte ihres Körpers an, halten jedoch ihr Herz mit dem oberen Teil entfernt und warten auf den Prinzen auf dem weißen Pferd, der sie davonträgt und ihre Ängste vor totaler Nähe überwindet. Entweder verlassen sie die Zweisamkeit oder sie bringen den Geliebten soweit, bis er die Beziehung verläßt – und so geht das Spiel weiter. Liebe und Sexualität zu vereinen, beginnt mit Selbstannahme. Dazu gehören das Eingeständnis und das Genießen an Inzestgefühlen, während Verurteilungen und Zorn darüber freigesetzt werden. Das ermöglicht, Beziehungen ohne versteckte Wut und Furcht einzugehen, die sich auf die erwartete Enttäuschung hin aufbauen. Dann ist eine sexuelle oder nichtsexuelle Beziehung eine freie Entscheidung und kann, falls gewünscht, eine volle und befriedigende Einheit mit dem Herzen umfassen. Die Begeisterung, die Vitalität und die weltlichen Fähigkeiten sind für eine Beziehung auf vielen Ebenen erfüllend.

Wie Sie sicher beim Lesen dieses Berichtes gemerkt haben, gehören wir alle mehr oder weniger jedem hier beschriebenen Körpertypus an. Wir neigen jedoch einem Typ mehr zu, der so sehr ein Teil von uns wird, daß wir selbst das häufig am wenigsten erkennen. Indem wir unsere Grundeinstellungen ans Tageslicht bringen, sie anerkennen, freisetzen und ihnen vergeben, verwandeln wir unseren Körper aus einem scheinbaren Gefängnis in ein vollkommenes Vehikel, mit dem wir Liebe verschenken und empfangen können – und wofür sind Beziehungen sonst da!

Jim Morningstar

35. Kapitel

Bob

Ich kann mich einfach nicht daran erinnern, je einen negativen Gedanken über Bob Mandell gehabt zu haben. Als er sich erhob, um sein Diplom als Rebirther zu empfangen, war die Zustimmung einheitlich, und das völlig zurecht. Er ist ein wundervoller Rebirther. Er ist lieb, sieht gut aus, ist klar, liebevoll, sanft, und er ist alles, was man sich von einem spirituellen Führer wünschen kann.

Ich bin viele Male in sein Apartment in New York hereingerumpelt, wo er mit Mallie und ihren Kindern lebt, unangemeldet, meine Koffer überall im Zimmer, mit überschäumender Energie und Lauten, die einer Herde Tiere Ehre gemacht hätten – und bin immer akzeptiert worden, ganz gleich, was ich tat oder dachte. Früher haben Bob und Mallie für mich die Organisation übernommen und die Leute für das LRT in New York zusammengeholt. Manchmal half mir Bob dabei, das Seminar zu leiten, manchmal tat er das auch selbst oder mit Diane. Und als einmal Bobby plötzlich zehn Minuten vor Beginn des Trainings die Stadt verlassen mußte, rief ich Bob an und fragte, ob er Bobby ersetzen würde. Er zog seine Jacke an, trat vor alle hin und leistete großartige Arbeit, als ob ihm diese Aufgabe ganz zugedacht wäre.

Schuldgefühle als Trennungs-Garantie

Schuldgefühle sind die Mafia des Geistes. Sie sind ein Schutzplan, den Sie selbst feilbieten, um eine erwartete Bestrafung zu verhindern. Sie rechnen sich aus, daß Gott oder die Menschen Sie in Ruhe lassen, wenn Sie sich selbst zuerst strafen. (Daher werden Schuldgefühle immer von Ablehnung begleitet.) Da Ihre Gedanken schöpferisch sind, ist das Ergebnis dieses Denkens ein Gefühl des Alleinseins, des Fremdseins und der Trennung. Sie glauben, einen Angriff abzuwehren, doch in Wirklichkeit versagen Sie sich die Erfahrung von Liebe, Freude und Lebendigkeit. Wenn Sie Schuldgefühle wirklich erfolgreich leben, dann transzendieren Sie lediglich emotionelle Selbst-Aufopferung und fügen sich echten körperlichen Schaden zu. Schuldgefühle sind das Schlimmste überhaupt, ohne irgendeinen positiven Nutzen. Sie vergrößern nur ihr Elend, bis Sie die Grenze erreicht haben. Der letzte Ausweg für eine schuldgeplagte Person ist der Tod – ihrer Meinung nach eine Erlösung, doch meiner Meinung nach das logische Ende eines Lebens in Martyrium und Masochismus.

Was erfolgreichen Beziehungen am meisten im Wege steht, sind Schuldgefühle. Wie können Sie bedingungslose Liebe empfangen, wenn Sie die Folgen fürchten? Wie können Sie sich bedingungslos der Liebe verschreiben, wenn Sie Verlust fürchten? Wie können Sie sich selbst das schenken, was Sie sich wünschen, wenn Sie sich tief in Ihrem Innern für unwürdig halten? Sie halten sich selbst zurück, verbergen den Teil von sich, der nach Ihrer eigenen Beurteilung der Liebe nicht wert ist, und hoffen, daß es Ihnen gelingt, Ihren Partner zu narren, so daß er Sie liebt, wo Sie sich selbst nicht lieben. Das funktioniert einfach nicht. Selbst wenn man Ihnen die Liebe schenkt, die Sie sich wünschen, gelingt es Ihnen nicht, sie anzunehmen, weil die Urteile, die Sie über sich selbst gefällt haben, Ihre Rüstung bilden.

Furcht vor Liebe und Furcht vor Verlust sind das gleiche. Das ist auch der Grund, warum die Menschen Angst davor haben, sich zu »ver«-lieben. Sich »Ver«-lieben könnte so schiefgehen wie sich »ver«-rechnen statt rechnen, oder wie »ver«-letzen statt laben, was »letzen« ursprünglich bedeutete. Wer sich verliebt, könnte verletzt werden. Sie könnten vielleicht Ihre Macht an dem Partner verlieren, sich völlig verletzlich fühlen und dann von der »Quelle der Liebe« verlassen werden. Kein Wunder, daß die Menschen in der Gegenwart überwältigender Liebe zittern und beben. (Diese Menschen sehen genauso aus wie diejenigen, die einen untragbaren Verlust erlitten haben.) Es gibt sogar Menschen, die sich einer solchen Erfahrung nicht einmal zu nähern trauen, weil sie sich so sehr vor Verlust fürchten, und die daher sich lieber alleine fühlen. Vielleicht haben sie sogar zahlreiche Affären, doch sie sichern sich immer ab, daß sie den anderen verlassen, bevor sie verlassen werden.

Verliebte Menschen haben nicht unbedingt weniger Schuldgefühle. Die Angst vor dem Verlust kann auch so groß sein, daß sie eher an einer Beziehung festhalten, die schon lange keinen Nutzen mehr für sie hat, als sich der Qual der Trennungsangst auszusetzen. Diese Menschen sind in ihren Beziehungen mehr oder weniger eingefroren. Sie setzen ihre Beziehungen dazu ein, sich vor ihren eigenen wahren Gefühlen zu schützen, wie man sich in eine Schutzhütte vor dem Unwetter flüchtet. Solche Beziehungen müssen scheitern, weil sie auf der völligen Weigerung, Furcht und Verlust zu erfahren, beruhen. Da das, wogegen wir uns sträuben, erst recht bestehen bleibt, werden Furcht und Verlust in solchen Schutzbeziehungen noch gefördert.

Warum fühlen wir uns so schuldig? Wie kommen wir darauf, daß Vergnügen Leid bringt, Liebe Verlust heraufbeschwört und das Leben den Tod bedeutet? Warum wiederholen wir ständig die Geschichte des Garten Eden, und was bedeutet diese Geschichte eigentlich? Und wie beeinflussen die Schmerzen und die Trennung bei der Geburt unsere Beziehungen? Was wirklich im Garten Eden geschah, war, daß der Mann und die Frau ihre Macht abgaben, ihre Göttlichkeit leugneten, sich erlaubten, an Mangel zu denken – wie kann es einem im Paradies an etwas mangeln? – und folglich aus dem Garten verwiesen wurden. Sie hatten es verdient! Sie vergaßen ihre Göttlichkeit. Das war die Erbsünde. Die Trennung vom Paradies war das Ergebnis. Man kann nicht im Paradies sein, wenn man die Erfahrung macht, nicht alles zu haben. Trennung ist unvermeidlich, wenn man glaubt, etwas zu brauchen, um sich ganz zu fühlen.

Auch bei der Geburt werden wir aus dem Paradies verstoßen. Im Mutterleib fließen wir in Luxus, werden ohne Anstrengung genährt und erhalten. Und dann werden wir geboren! Dabei empfindet die Mutter häufig Angst und Schmerzen, für die das Kind sich verantwortlich macht. So werden wir mit Schuldgefühlen geboren. Es scheint, als würde unser Eintritt in das Leben zum Leid derer beitragen, die wir am meisten lieben. Meiner Meinung nach ist dieses »Baby-Schuldsyndrom« genauso schädlich wie das bekanntere »elterliche Mißfallenssyndrom« und zerstört Beziehungen in einem größeren Umfang, als wir bisher erkannten. Stellen Sie sich die Konsequenzen vor, wenn Sie glauben, daß Ihr Dasein dem Schmerzen bereitet, den Sie lieben! Dieser Gedanke allein kann die Ursache dafür sein, daß Sie Ihre Gefühle unterdrücken, Freude zurückhalten und sich Ihre Göttlichkeit zugunsten anderer versagen. Und sind Sie wirklich in einen ganz besonderen Menschen verliebt, dann sind Sie vielleicht sogar willens, sich selbst körperlich zu verletztzen (zu sterben), um Ihren Partner vor Ihrer Lebendigkeit zu schützen. Im kleineren Maßstab glauben viele Menschen, Selbstaufopferung sei ein legitimes Zeichen von Anbetung.

Eine weitere Auswirkung der Geburt auf Beziehungen ist das Klaustrophobie- und Erstickungssyndrom. Im Mutterleib wuchsen Sie allmählich heran, bis seine Kapazität nicht mehr ausreichte, um Platz zu bieten und Sie zu nähren. Plötzlich wurde das Paradies zur Hölle. Sie waren eingeschlossen und mußten weg, um zu überleben. So entschieden Sie sich für den Weg nach draußen. Dann legte der Geburtshelfer seine Hände auf Sie, schnitt die Nabelschnur durch, und Ihr erster Atemzug war voller Schmerzen und Panik. In Beziehungen erleben wir diesen emotionalen Kreislauf oft wieder. Wir bewegen uns von der Glückseligkeit einer neuen Liebe bis zu dem allmählichen Gefühl der Einengung und Klaustrophobie. Es scheint manchmal, daß ein Paradies zur Hölle auf Erden wird und wir diese Beziehung aufgeben müssen, um unser persönliches Wachstum fortzusetzen. Die einzige Alternative besteht darin, den Partner soweit zu bringen, daß er Sie verläßt. Oft wird es zunehmend schwierig, in Gegenwart dessen, den wir lieben, zu atmen, und mancher ertappt sich dabei, daß er an kalten Winterabenden das Fenster öffnet, um genug Luft zu bekommen.

Das Ergebnis ist das, was als »Die große gegenseitige Bindung« der meisten Beziehungen bezeichnet wird, das Gefühl, nicht mit dem Menschen leben zu können noch ohne ihn bestehen zu können. Daher sind die Furcht vor Liebe und die Furcht vor Verlust in heiliger

Ehe verbunden und Vater Schuld leitet die Zeremonie und lächelt, wenn wieder ein ahnungsloses Paar ins Gras beißt.

Die Alternative zur Schuld ist die Unschuld. Wir alle kennen das Gefühl der Unschuld beim Blick in die Augen eines Kindes. Was die meisten von uns vergessen haben ist, daß wir alle diese göttliche Unschuld besitzen, diese reine liebevolle Spielfreudigkeit, die manchmal tief unter Schichten von Verletzungen und Schutzreaktionen begraben liegt. Wie diese verlorene Unschuld wiedergefunden werden kann, ist die Frage aller Kinder Gottes.

In gewisser Weise ist es lächerlich, von der verlorenen Unschuld zu sprechen, da wir das nicht verlieren können, was uns auf ewig gehört. Unser Verständnis des eigenen Wesens und das anderer Menschen muß jedoch häufig gewandelt werden, damit wir das Leben so erfahren können, wie es wirklich ist. Da Schuldgefühle eine Art von Schmerz sind, kann die Untersuchung über das Wesen von Schmerzen Licht bringen in eine Lösung der Schuldproblematik. Schmerzen sind in Wahrheit die Anstrengungen, an negativen Überzeugungen festzuhalten. Einige Gedanken, die Schuldgefühle fördern, sind: Ich verdiene keine Liebe; ich tue anderen weh; andere tun mir weh; wenn jemand mich verletzt, tut das weh; Lieben heißt leiden; Gott ist nicht damit einverstanden, daß ich froh bin. Wenn Sie solche Gedanken hegen, dann entspannen Sie zunächst einmal. Atmen Sie einige Male tief durch, entlassen die Anspannung aus Ihrem Körper und beobachten, wie die negativen Gedanken an Ihnen vorbeiziehen.

Werden Sie sich bewußt, daß Sie Liebe verdienen. Ganz gleich, wie viel Sie arbeiten, kämpfen, leiden oder Erfolg haben, Sie verdienen deswegen nicht mehr Liebe als in diesem Augenblick. Erkennen Sie, daß Sie selbst die Quelle der Liebe und der Schmerzen sind – und das gilt für jeden anderen Menschen auch. Mit anderen Worten, Sie tun anderen nicht weh, so wie andere Ihnen nicht weh tun. Die Ursache der Verletzung liegt im Verletzten, nicht in demjenigen, der gerade anwesend ist, wenn die Bestrafung eintritt. Und wenn jemand, den Sie lieben, Sie verläßt, dann verlieren Sie nichts von wirklichem Wert. Wann immer Sie etwas verlieren, so geschieht es nur, um Platz zu machen für etwas Besseres. Und Trennung, was ist das überhaupt?

Körper sind in Bewegung befindliche Energie. Sie kommen und gehen ständig, treten ein und gehen hinaus, drehen sich um und kehren zurück. Warum nehmen Sie die Bewegungen anderer Menschen persönlich? Wenn ich mit einer Frau zusammen bin, die ich liebe, und ich gehe fort, dann wird ihre Reaktion nicht von meiner Bewegung bestimmt, sondern von ihren Gefühlen über sich selbst. Liebt sie sich, so liebt sie auch mich, selbst wenn ich gehe. Haßt sie sich, dann nimmt sie mein Gehen übel. Es könnte sein, daß sie glaubt, sie braucht mich, um Liebe zu empfinden. Das ist die gute alte Doppelbindung: Glaubt sie, sie braucht mich, dann haßt sie sowohl sich selbst wie auch mich, wenn ich bleibe. Sie haßt sich selbst für ihre Abhängigkeit und haßt mich, weil ich ihre Gewohnheit unterstütze. Wahrscheinlich tut sie schließlich alles Mögliche, um mich zu vertreiben. Wie lächerlich das alles ist! Sie selbst ist die Quelle ihres Lebens, nicht ich, und die Männer werden sie verlassen, bis sie diese Lektion gelernt hat. So großzügig ist das Universum. Wir sollten wirklich all den Geliebten, die uns verlassen, für die Geschenke danken, die sie uns gegeben haben, und danken, daß sie uns lehrten, daß wir sie nicht brauchen, um Liebe empfinden zu können.

Wenn Sie jedoch in Gefühlen der Bedürftigkeit, Hilflosigkeit, Abhängigkeit festhängen, dann sollten Sie diese Gefühle akzeptieren und nicht zu vermeiden suchen. Denken Sie daran, das, was wir ablehnen, bleibt uns erst recht erhalten, und das, was wir annehmen, löst sich auf. Tun Sie sich einen Gefallen und seien Sie sanft, geduldig und liebevoll mit sich selbst, wenn Sie diese kindlichen Gefühle hegen.

Vergeben Sie sich selbst! Vergeben heißt, das Denken zu befreien und das Herz zu öffnen. Vergeben Sie sich selbst den Gedanken, daß Sie Liebe nicht verdienen, indem Sie all die guten Begründungen auslöschen, die Sie bisher vorgeschoben haben, um die Liebe fernzuhalten. Ändern Sie nur Ihr Denken. Und vergeben Sie sich selbst, daß Sie je gedacht haben, Sie könnten einen anderen oder ein anderer könnte Sie verletzen. Doch vor allem, vergeben Sie allen, gegen die Sie Ablehnung verspüren, von Ihren Eltern bis zu früheren Geliebten und alten Freunden. Fortgesetzter Unmut nährt nur Ihre Schuldgefühle, weil wir uns meist selbst dafür hassen, daß wir andere hassen.

Noch eine Bemerkung zum Unmut! Unmut ist der im Kopf getroffene und vom Körper festgehaltene Schluß, wir seien betrogen worden; wogegen wir doch in Wirklichkeit uns selbst betrügen. Gelegentlich ist es wohltuend, mit sich einverstanden zu sein, wenn man andere ablehnt und beschuldigt, da man sich dadurch ermöglicht, dies frei zu tun. So lange Sie die Verantwortung für Ihre Gefühle haben, kann jedes Gefühl, selbst Beschuldigungen, freigesetzt und die Harmonie wiederhergestellt werden. Andere ohne Schuldgefühle anzuklagen, ist häufig der erste Schritt zur Vergebung! Eine Emotion ist in Bewegung befindliche Energie, die durch einen Gedanken angetrieben wird. Wichtig ist, daß Sie Ihre Energie, die ja schließlich die heilende Lebenskraft ist, ohne Behinderungen strömen lassen. Denken Sie an die vielen Male in Ihrem Leben, als Sie sich selbst zurückhielten, Gefühle zu empfinden und/oder diesen Gefühlen Ausdruck zu verleihen. Häufig empfinden wir letztendlich Abneigung gegen die Person, der wir unsere Empfindungen vorenthalten, und beschuldigen sie wegen unseres Mangels an Sicherheit. Dies wird als »Zurückhaltungs-, Rückzugs- und Abneigungssyndrom« bezeichnet. Die Lösung besteht einfach darin, sich selbst die Genehmigung zu geben, alle Gefühle zu empfinden und auszudrücken. *Alle Gefühle, die voll ausgelebt werden, führen uns zum Empfinden von Liebe!*

Ist Ihr Reiseziel die Unschuld und Ihr Reisegefährte die Vergebung, dann ist Ihr Pfad vielleicht noch eine emotionelle Achterbahn, bis Sie sich alle Emotionen zugestehen. Betrachten Sie Ihre Gefühle als Gurus, die sie lehren wollen, sich selbst bedingungslos zu lieben, selbst in der Gegenwart von Furcht, Zorn und Trauer. Liebe ist schließlich eine glückliche, lebensfördernde Energie, die Sie durchfließt, wenn Sie darin fließen. Geben Sie daher keinesfalls auf. Halten Sie durch! Und erkennen Sie, selbst wenn Verwirrung und Hoffnungslosigkeit ihre häßlichen Köpfe heben: Sie wurden unschuldig geboren und Sie bleiben unschuldig, alles andere ist eine Lüge. Ganz tief in Ihrem Herzen haben Sie dies schon immer gewußt. Und je mehr Sie sich der Führung Ihres Herzens anvertrauen, um so mehr werden Sie die Göttlichkeit Ihres Wesens zelebrieren.

Bob Mandell

36. Kapitel

Phil

Ich kam Phil Laut wirklich sehr nahe, als ich gerade das LRT in New York eröffnete. Die Stadt erregte mich so sehr, daß ich einfach nicht schlafen konnte. In der Nacht vor dem Training, als ich mich fragte, wie ich nach vier Nächten ohne Schlaf ein Seminar leiten sollte, saß ich da und redete mit Phil. Anstatt zu denken, ich sei dumm, war er so verständnisvoll und liebevoll, daß er mich augenblicklich entspannte mit den Worten: »Sage einfach, du hättest das Schlafen aufgegeben.« Und meine nächste unausgesprochen Sorge beantwortete er so: »Und wenn du vom Stuhl fällst, na und?« Seit dem Rebierthen brauchte ich wirklich immer weniger Schlaf. Ich versuchte nicht mehr, wie früher Gefühle zu unterdrücken, und war daher nicht müde. Doch ich hatte Angst, jemandem davon zu erzählen, da ich fürchtete, man könnte mich seltsam finden. Phil akzeptierte das völlig, und ich führte das gesamte Training ohne Schlaf durch. Phil wußte immer zu sagen, was ich hören mußte, und es war eine Freude für mich, ihn bei mir zu haben. Ich bedauere, daß weder Zeit noch Raum ist, um über Bill Chappelle zu schreiben (der die reine Freude ist) und über alle anderen diplomierten Rebirther und unsterblichen Freunde (zwei, die mir sehr geholfen haben, waren Diane Hinterman und Terry Cole-Whittaker**. Ich möchte allen meinen Freunden danken für die Bereicherung meines Lebens. Und ich freue mich schon sehr darauf, all die neuen Freunde kennenzulernen, die in mein Leben kommen werden. Ich hoffe, Sie sind einer davon.*

* Phil Lauts Bemerkungen über Geld finden Sie in Kapitel 14, Seite 67...
** Terry Cole-Whittaker, Träume werden wahr, ebenfalls erschienen im Verlag Peter Erd.

37. Kapitel

Fred

Für mich war Fred immer all das, was er für mich sein mußte. Er versinnbildlicht den Zustand des Außerordentlichen. Er war unendlich einfühlsam, ein stiller Meister, mein persönlicher Guru, Reisebegleiter, bester Freund, Kollege, Co-Trainer, all-round Lehrer, all-round Schüler, spiritueller Berater, persönlicher Rebirther, Teilnehmer am Rebirthing, Klient, Therapeut, Berater, Ratgeber und durch seine feine, hervorragende Musik sogar Unterhalter. Fred hat für mich und eine neue Eroberung auf einem Hausboot drei Stunden lang ein perfektes klassisches Gitarrenkonzert gegeben, er hat mir sogar vor meiner Schlafzimmertür in seiner großartigen Baritonstimme eine Serenade dargebracht, dabei sang er in vielen Sprachen, die er auch fließend sprechen kann. Wann immer ich ihn darum bat, hat er mir auch vollkommenes Tai Chi vorgeführt und versetzte mich dadurch in einen höchst meditativen Zustand.

Eines Tages fragte ich während eines Jubiläums die Leute am Schwimmbecken, was sie von Fred dachten. Ellen sagte: »Er funkelt!« Susannes Antwort war: »Er ist brilliant und in seinen Freunden zeigt er einen sehr guten Geschmack.« Bob Mandel meinte: »Er ist ein Renaissance-Mann, ein Meister untertreibender Darstellungskunst, ein Meister des Tai Chi der Kommunikation, ein Meister metaphysischer Diplomatie. Die Menschen blühen in seiner Gegenwart auf. Er ist der ›Fang des Tages‹.« Vincent erinnerte mich daran, wie Fred Cello für ihn gespielt hatte, und das in der ersten Stunde ihres Kennenlernens. »Er bringt immer wieder neue Talente zum Vorschein«, bemerkte Vincent. »Er ist ein Wunder an Schönheit, Intelligenz, Ausdrucksfähigkeit, Musikalität und gutem Benehmen.«

Die Art und Weise, wie ich Fred begegnete, war schon überraschend genug. Es war unter dem Sternenhimmel bei den Heißen Quellen von Campbell mitten in der Nacht. Ich hatte mit mir selbst Rebirthing durchgeführt und das, was ich am wenigsten erwartete, waren zwei nett aussehende Männer in Anzügen, die zu den Quellen kamen (sie liegen zwischen den Bäumen versteckt und sind nachts nicht leicht zu finden). Die beiden kamen über den Hügel und näherten sich mir. Als ich ihnen die Hand zur Begrüßung reichte, flogen für uns alle sichtbar Funken. Da stieg ich heraus, griff nach dem Handtuch und sagte: »Gehen wir wohin, wo wir uns unterhalten können.« Also gingen wir ins Gasthaus und begannen über alle Heiler der Welt zu sprechen, die wir kennen, und wie es uns gelingen könnte, alle dazu zu bringen, für die Verbesserung des Planeten zusammenzuwirken.

Das war meine erste Begegnung mit Fred. Es schien, als würden wir uns seit Äonen kennen. Seitdem arbeiten wir zusammen. Ich erinnere mich an viele Trainings mit Fred, in denen schier unmögliche Situationen auftauchten. Fred wußte immer sofort, wie er damit fertigwerden konnte. Er hat mich stets ermutigt, mich selbst zur Führerin zu machen, und hat mich sanft gedrängt, all das zu sein, was ich nur sein kann.

Obgleich ich ihn gut kenne und wir eine tiefe spirituelle Beziehung haben, muß ich das Geheimnis Fred immer noch verstehen lernen. Viele Male hatte ich das Gefühl, er sei nicht zu verstehen. Ich habe schon lange aufgegeben, herauszufinden, wie er eigentlich wirklich ist. Statt dessen versuche ich, mich auf die Dankbarkeit zu konzentrieren für alles, was er immer wieder zur Bereicherung beiträgt.

Ich erinnere mich an einen Abend, als meine Kollegen und ich zu einer ganz besonderen Dinner-Erfahrung eingeladen wurden. Fred entschloß sich, uns dem Meister der Cuisine vorzustellen und verbrachte eine Stunde damit, uns auf diesen Mann, der die Vollkommenheit im Dinieren entwickelt hatte, geistig vorzubereiten. Freds Einführung über ihn war in sich vollkommener, als wir uns je hätten vorstellen können.

Unsterbliche Beziehungen

Wie beginnt eine unsterbliche Beziehung? Sie beginnt mit dem Augenblick des Erkennens. Zwei Menschen erkennen einander als seiend. In diesem Augenblick sieht jeder den anderen vollkommen und wunderbar. Die Geste erfolgt durch eine Begegnung der Augen, manchmal durch eine körperliche Berührung oder durch ein Wort. Bewahren Sie diesen Augenblick; vergessen Sie ihn nicht.

Die unsterbliche Beziehung ist schon vollkommen, wenn sie beginnt, ihr Wesen stirbt niemals, wenngleich ihre Form sich ewig ändern mag. Dieses Wesen ist für jede Beziehung einmalig. Nichts kann sie je verwässern oder verderben. Sie kann nur verloren gehen, wenn man sie vergißt oder ihr Vorhandensein leugnet. Versagen Sie sich selbst diese Liebe nicht.

Aus dem Wahrnehmen des Erkennens und der Vollkommenheit heraus braucht es keinen Zeitdruck zu geben. Wie eine Beziehung eine Form nach Wunsch erhält, ist ein Vorgang des Freude-Schenkens und des Freude-Empfangens. Weil die Beziehung vollkommen ist, gibt es keinen Mangel. Weil sie unzerstörbar ist, gibt es keine Eifersucht. Anstelle von Mangel und Eifersucht steht Frieden.

Die Unsterbliche Beziehung wird für Sie in dem Maße Wirklichkeit, wie Sie zwei fundamentale Lügen über Ihr Dasein aufgeben können, die Sie seit Geburt akzeptiert haben: Erstens, daß Liebe außen zu Ihnen kommt; zweitens, daß Sie Liebe brauchen, um zu überleben. Wahr jedoch ist dies: *Sie sind Liebe*, und *nichts kann Sie töten.*

Die Unsterbliche Beziehung ist auch die Grundlage der Kommunikation durch Kunst. Durch das, was ich geschrieben habe, können Sie mich erkennen.

Ich biete Ihnen diese Meditation an, damit Sie zu sehen beginnen, was schon immer die Wahrheit war. All Ihre Beziehungen sind unsterblich.

Fred Lehrmann

38. Kapitel

Diane

Es war einmal ein wundervolles Mädchen.
Die sah alles
fühlte alles
und wußte alles.
Doch sie fürchtete sich davor, es zu zeigen.

SIE MEISTERTE ALLES SCHNELL!

Sie war eine Heilige,
und alle ihre Freunde wußten es –
doch sie fürchtete sich davor, es zu zeigen...

Doch schon bald konnte sie sich nicht länger verbergen!
Und Gott bat sie, es zu zeigen!

Diane ist. Diane lebt.
Sie ist ein Geschenk in meinem Leben,
das ich gerne mit euch teilen möchte.

TEIL VIER

Anhang

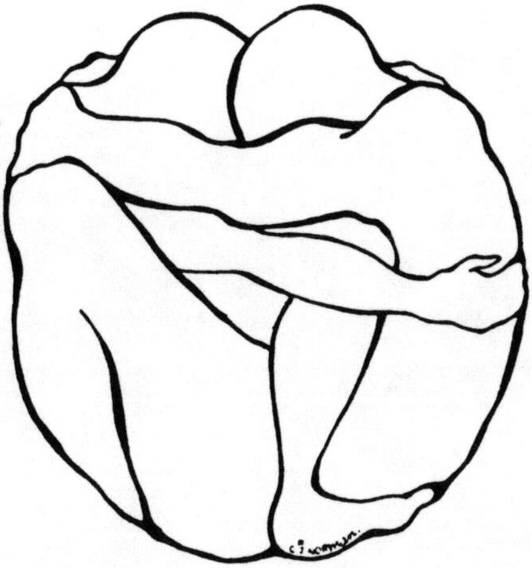

A

Was ist Rebirthing?*

Rebirthing hat den Sinn, sich der eigenen Geburt zu erinnern und sie wieder zu durchleben, physiologisch, psychologisch und spirituell den Augenblick des ersten eigenen Atemzuges wiederzuerleben und das damit verbundene Trauma freizusetzen. Dieser Vorgang leitet die Umwandlung des unterbewußten Eindrucks bei der Geburt von dem ursprünglichen Schmerz in einen der Freude ein. Die Auswirkungen auf das Leben erfolgen unmittelbar. Die in Gemüt und Körper festgehaltenen negativen Energiemuster beginnen sich aufzulösen.

»Jungwerden« ersetzt das Altern, und das Leben macht mehr Spaß. Man lernt, auf einer praktischen täglichen Grundlage, den physischen Körper mit göttlicher Energie zu laden.

Das Geburtstrauma

Im Augenblick der Geburt formten Sie Eindrücke über die Welt, die Sie durch Ihr ganzes Leben geschleppt haben und die Sie vom Unterbewußtsein aus beherrschen. Viele davon sind negativer Art:

Das Leben ist ein Kampf
Das Universum ist ein feindlicher Ort.
Das Universum ist gegen mich.
Ich kann nicht das bekommen, was ich brauche.
Die Menschen tun mir weh.

* Auszug aus »Rebirthing in the New Age« (Rebirthing im Neuen Zeitalter) von Leonard Orr und Sondra Ray, Millbrae, Ca: Celestial Arts, 1977.

Irgend etwas ist mit mir nicht in Ordnung.
Das leben ist leidvoll.
Liebe ist gefährlich.
Man will mich nicht.
Ich kann nicht genug Liebe bekommen.

Ihre Eindrücke sind deshalb negativ, weil Ihre Eltern und die, die sich um Sie kümmerten, nicht wußten, was Sie brauchten, als Sie geboren wurden, und Ihnen statt dessen viele Dinge gaben, die Sie nicht brauchten: Das Licht war für Ihre empfindlichen Augen zu hell, die Geräusche für Ihre Ohren zu laut und die Berührungen durch Hände und Stoff waren zu rauh für Ihre zarte Haut. Einige von Ihnen wurden, obwohl die Wirbelsäule monatelang gebogen war, kopfüber an den Füßen gehalten und geschlagen, wodurch gräßliche Schmerzen verursacht wurden. Atmen wurde mit Schmerzen in Zusammenhang gesehen, und seitdem ist Ihr Atem immer zu flach gewesen.

Doch die physischen Schmerzen sind nichts im Vergleich zu den psychischen Qualen bei der Geburt. Die Natur hat vorgesehen, daß ein Neugeborenes Sauerstoff durch die Nabelschnur aufnimmt, während es in der Atmosphäre zu atmen lernt (eine völlig neue Erfahrung nach dem Aufenthalt im Fruchtwasser), doch es ist üblich gewesen, die Nabelschnur sofort durchzutrennen, so daß Sie in Panik gerieten und meinten, gleich bei der Geburt sterben zu müssen.

Eine weitere psychische Qual trat ein, als man Sie von Ihrer Mutter fortnahm und in der Kinderstation in ein kleines Bett legte.

Die meisten Menschen erholen sich nie von diesem unglücklichen Vollzug der Trennung von Mutter und Kind. Neun Monate lang kannten Sie nur das Innere des Mutterleibes. Dort war es warm und bequem, bis er für Sie zu eng wurde. Nun hätte man Ihnen zeigen müssen, daß die Welt da draußen weitaus interessanter als der im Mutterleib war und viel mehr Möglichkeiten bot und genauso bequem, sicher und erfreulich sein konnte, wie dort, wo Sie vorher waren. Da

Sie jedoch diesen Platz unter so traumatischen Umständen verließen, haben Sie wahrscheinlich während Ihres gesamten Lebens versucht, dahin zurückzukehren, und so nie das volle Ausmaß der Möglichkeiten hier draußen bemerkt noch erfahren.

Glücklicherweise hat man inzwischen schon angefangen, sich bei Geburten anders zu verhalten. Frederic LeBoyer, ein französischer Geburtshelfer, hilft den Babys bei sanftem Licht und möglichst wenigen Geräuschen in die Welt. Er legt jedes Kind auf den Leib der Mutter, hält es sanft und wartet darauf, daß das Kind aus eigener Kraft zu atmen lernt. Er schneidet die Nabelschnur erst dann durch, wenn sie zu pulsieren aufgehört hat und hält das Kind sanft in eine Wanne warmen Wassers, um ihm zu zeigen, daß es angenehme und vergnügliche Erfahrungen auch außerhalb des Mutterleibes gibt. Das Eintauchen in warmes Wasser gibt dem Kind das Gefühl, im Mutterleib zu sein. In der Wanne mit Wasser entspannen sich die Muskeln, das Baby experimentiert mit Bewegungen, vielleicht lächelt es sogar. Auch in anderen Ländern haben verschiedene Ärzte diese Methode bereits übernommen, und es heißt, daß »LeBoyer Babys« entspannter sind, weniger oder gar nicht schreien und Liebe und Vergnügen vom Universum zu erwarten scheinen. Sie sind wacher, aufgeweckter, weniger ängstlich und fast nie krank.

Zur gleichen Zeit, als Dr. LeBoyer seine Methode in Frankreich entwickelte, fand Leonard Orr in Kalifornien einen Weg, Menschen jeden Alters zu helfen, an ihr Geburtstrauma heranzukommen und es aus dem Bewußtsein zu beseitigen.

Das von Leonard entwickelte Verfahren ist sehr einfach und außerordentlich wirkungsvoll. Anfangs wurde Rebirthing nur in einer Wanne mit Wasser vorgenommen. Man bekam einen Schnorchel und eine Nasenklammer und schwamm mit dem Gesicht nach unten im Wasser, während der Rebirther und der Assistent ihn sanft in dieser Lage hielten. Das Wasser erwies sich als mächtiges Stimulanz, das die Erfahrung des Aufenthaltes im Mutterleib und des Herausgedrängtwerdens auslöste. Bei der weiteren Entwicklung dieses Verfahrens stellt man sogar fest, daß das Wasser beim ersten Rebirthing so machtvoll wirkte, daß einige Menschen sich dabei sehr ängstigten. Um zu verhindern, daß die Menschen überwältigt wurden, dachte sich Leonard das trockene Rebirthing aus. Er hatte beobachtet, daß für den Erfolg von Rebirthing die Atmung und Entspannung in Gegenwart eines Rebirthers wichtig sind und weniger das Wasser, wie er ursprünglich gedacht hatte. Der Vorgang funktioniert am besten, wenn ein Mensch zunächst den Geburtsvorgang im Trockenen wiedererlebt hatte, bis sein Atmen gelöst war, und dann mit Rebirthing im Wasser weitermachte.

Rebirthing tritt dann ein, wenn die Menschen sich in einer Umgebung sicher genug fühlen, um die Geburt noch einmal zu durchleben. Die Gegenwart eines Rebirthers – einer Person, der oder die das eigene Geburtstrauma verarbeitet hat – gibt dem, der es erlebt, die Gewißheit: »Ich komme da heil heraus« und vermittelt sie telephatisch und gefühlsmäßig an sein Unterbewußtsein weiter; außerdem ermutigt der Rebirther ihn auch mit sanften Worten sich zu erinnern, daß er seine Geburt beim ersten Mal überlebt habe, und dies wieder tun kann.

Jeder Mensch erfährt Rebirthing anders. Während jeder seine negativen Konditionierungen entdeckt, hilft der Rebirther dabei, diese Programmierung durch die Verwendung von Affirmationen umzuschreiben. Diese werden notiert, um insbesondere die bei der Geburt getroffenen negativen Entscheidungen des Menschen zu widerlegen. So erarbeiten wir folgende Einstellungen:

Das Universum und mein Körper bestehen zu meiner körperlichen und geistigen Freude.

Ich kann alle Liebe bekommen, die ich verdiene.

Ich bin glücklich, geboren zu sein; ich habe das Recht, hier zu sein.

Ich bin sicher und beschützt durch die Unendliche Intelligenz und die Unendliche Liebe.

Es ist überflüssig zu sagen, daß das Leben eines Menschen sich drastisch verändert, wenn er der Welt gegenüber diese Einstellung anzunehmen beginnt. Allen, die je davon geträumt haben, wiedergeboren zu werden und das Leben neu zu beginnen, möchte ich sagen: »Jetzt ist es Ihnen möglich!«

Rebirthings werden normalerweise fortgesetzt, bis der Rebirthee wieder frei atmen kann und die negative Geistesmasse ausgelöscht hat, die aus den bei der Geburt geformten persönlichen Gesetzen entstanden ist. Danach kann jeder selbst Rebirthing machen.

Jeder negative Gedanke beeinträchtigt das Atmen, doch die destruktivsten, hemmendsten Gedanken sind die negativen Gedanken über das Atmen selbst. Daher sind die negativen Gedanken, die Sie während Ihres ersten Atemzuges über das Atmen hatten, die schädlichsten für Ihren Atemmechanismus. Den ersten Atemzug noch einmal zu durchleben, ist daher einer der wichtigsten Punkte des Rebirthing und einer der Gründe, warum wir diese spirituelle, geistige und körperliche Erfahrung *Rebirthing* nennen.

Nach der Vollendung des Rebirthing gelingen die Vereinigung des inneren und des äußeren Atmens und seine verjüngende Wirkung spontan und mühelos. Gemeint ist damit: tiefes und freies Atmen mit Geist, Gemüt und Körper wird zur natürlichen Funktionsweise des individuellen Bewußtseins. Wenn ein Mensch das Rebirthing bis zu Ende durchlaufen hat und die Kraft des Atems wiederhergestellt ist, dann gewinnen spirituelle Erleuchtung, das Prinzip der Bejahungen und andere spirituelle Techniken oder Philosophien (wie Yoga oder körperliche Unsterblichkeit) immer größere Bedeutung wegen der bedeutenden Veränderungen der Persönlichkeit. Rebirthing entfernt menschliches Trauma auf einer so tiefgreifenden fundamentalen Ebene, daß die Menschen, die es durchlaufen haben, verwandelt werden, weg vom Arbeiten an sich selbst und hin zum Spielen im Universum. Alle Spiele zur Selbstverbesserung sind eher erholsame und vergnügliche Beschäftigungen, die der Erleuchtung dienen, als ernsthafte Arbeit. Rebirthing macht die Selbstverbesserung zum Spaß – und auch das Leben selbst.

Befreiung des Atmens

Rebirthing ist die Vereinigung des inneren und äußeren Atmens, um die Fülle göttlicher Energie im physischen Körper zu erfahren. Die Wiedererfahrung der Geburt ist nur so lange erforderlich, wie sie den Atemmechanismus behindert. Wir haben die Bezeichnung Rebirthing beibehalten und sie auf die physische Geburt angewandt, weil die grundlegende Behinderung des Atemmechanismus während des ersten Atemzuges in das individuelle Bewußtsein eingepflanzt wurde. Es wird auch Rebirthing genannt, weil in jeder Sitzung der göttliche Säugling in menschlichem Fleisch wiedergeboren wird.

Die Befreiung des Atmens ist der wichtigste Aspekt beim Rebirthing, denn sie ist die entscheidende Fortsetzung all Ihrer Widerstände gegen das Leben. Die Atembefreiung tritt dann ein, wenn Sie sich sicher genug fühlen, um den Augenblick Ihres ersten Atemzuges wiederzuerleben, das physische, psychische und spirituelle Wiedererleben des Augenblicks, indem Sie zum ersten Mal zu atmen begannen. Der Atemmechanismus wird befreit und so verwandelt, daß Sie von diesem Moment an wissen, wann Ihr Atem beeinträchtigt ist, und daß Sie in der Lage sind, dies zu korrigieren. Diese Erfahrung bricht die Macht, die das Geburtstrauma über Gemüt und Körper hat. Ein Teil der Atembefreiung geschieht wahrscheinlich in allen echten Rebirth-Erfahrungen, doch der Höhepunkt tritt ein, wenn die vibrierende Energie den Hals durchströmt, wobei normalerweise eine Einengung und ein Würgen verursacht wird, so wie durch Fruchtwasser, als Sie Ihren ersten Atemzug taten. Dies ist der erschreckendste Teil des Rebirthing, weil der Mensch den ersten Augenblick seines Lebens durchlebt, in dem er um seinen Atem kämpft, während er in dem Versuch das Fruchtwasser aus seinen Atemwegen loszuwerden und Luft aufzunehmen fast erstickt und ertrinkt. Diese Todesnähe muß aus dem Weg geräumt werden, bevor ein Mensch sich sicher fühlt. Die Kunst und die Hauptaufgabe des Rebirthing liegen darin, einem Menschen durch diesen Augenblick hindurchzuhelfen.

Die Atembefreiung legt die Macht Ihrer Lebenskraft in Ihr Denken. Seien Sie daher vorsichtig mit dem, was Sie denken, während Sie atmen! Die Gefahr, wenn Sie die volle Macht Ihres Lebendigseins ohne die Weisheit des Bewußtseins einzusetzen, liegt darin, daß Sie sich selbst wirkungsvoll zerstören können. Wir haben jedoch beobachtet, daß destruktive Menschen kaum an Rebirthing interessiert sind. Wenn Sie es doch versuchen, so sind sie häufig nicht fähig »loszulassen«, bevor sie ihre zerstörerischen Gedanken aufgegeben haben.

Hyperventilation

Hyperventilation ist der Atembefreiungsvorgang. Hyperventilation (medizinisch beschrieben als so tiefes Atmen, daß ein dramatischer Verlust an Kohlendioxyd im Blut eintritt) wird normalerweise als Krankheit behandelt. In Wirklichkeit ist es das Heilmittel gegen Unterventilation, oder auch eingeschränktes Atmen, allgemein als *normales* Atmen bezeichnet.

Es ist wichtig, über Hyperventilation zu sprechen, weil die meisten Menschen meinen, man müsse sich davor fürchten. Dadurch machen sie die Rebirthing-Erfahrung für sich selbst schwieriger als notwendig. Ein Arzt, der besondere Angst vor Hyperventilation hatte, brach den Rekord für Rebirthing mit fünf Stunden, weil er ständig Widerstand leistete. Einige hundert andere Ärzte entspannten sich und durchliefen dieses Stadium ohne Schwierigkeiten.

Was als »Hyperventilatons-Syndrom« bezeichnet wird, ist ein natürlicher Teil des Rebirthings. Nachdem wir mit mehr als zehntausend Menschen Rebirthing durchführten, haben wir eine neue Theorie über Hyperventilation entwickelt, die von Medizinern, die selbst Rebirthing durchlaufen haben, einheitlich angenommen wurde. Die neue Theorie besagt, daß Hyperventilation die Heilung der Unterventilation ist. Das Geburtstrauma beeinträchtigt den Atemmechanismus eines Menschen und verursacht flaches Atmen. Wenn ein Mensch zum ersten Mal normal, tief und frei atmet – ohne Furcht –, werden dadurch automatisch Veränderungen im Körper hervorgerufen. Nach der Beobachtung von zehntausend Menschen, die Hyperventilation erfolgreich überstanden haben, sind wir zum Schlußergebnis gekommen, daß ein Mensch nur der Ruhe, der Sicherheit und der Ermutigung bedarf, um den Vorgang zu beenden. Wird ein Mensch ermutigt, geduldig zu sein, normal zu atmen und sich zu entspannen, während er seine Ängste durchlebt, dann treten keine schädigenden Wirkungen auf. Wird jedoch andererseits der Vorgang entweder durch die Angst des Teilnehmers oder des Beobachters unterbrochen, dann scheint das Ergebnis eine anhaltende Furcht vor der Hyperventilation und der sie begleitenden Symptome zu sein.

Durch unsere Untersuchungen ist die alte Theorie überholt. Wir betreiben zwar keine medizinischen Forschungen, doch uns wurde von einigen Ärzten gesagt, daß nach einer Theorie die Ursache der Hyperventilation durch schnelles Atmen hervorgerufen wird. Wir haben in allen zehntausend Fällen festgestellt, daß schnelles Atmen das Hyperventilations-Syndrom eher beseitigt – einschließlich der Starrkrämpfe und anderer typischer Begleiterscheinungen – als es zu verursachen. Wir verfügen vielleicht nicht über ausgeklügelte technische Apparate, wie der medizinische Berufsstand, nachdem wir jedoch über zehntausend Fälle von Hyperventilations-Syndromen durch schnelles Atmen beseitigt haben, verdient unsere Theorie Anerkennung. Die Theorie besagt, daß schnelles Atmen das Hyperventilations-Syndrom begleiten mag, jedoch eher ein Heilmittel als eine Ursache ist.

Wir haben herausgefunden, daß ein Mensch tiefgreifende Gesundheit und Wohlbefinden erfährt, wenn er freiwillig die Rebirthing-Erfahrung einmal wöchentlich bis zum Abschluß wiederholt. Nachdem ein Mensch den Augenblick des ersten Atmzugs wieder durchlebt hat, tritt das Hyperventilations-Syndrom nicht mehr auf. Ein Mensch kann dann so schnell und so tief wie überhaupt nur möglich atmen, ohne unerwünschte Nebenwirkungen zu erfahren. Daher folgern wir, daß Hyperventilation ein natürliches Heilverfahren und keine Krankheit ist.

In unserer Arbeit haben wir gelernt, daß schnelles Atmen nicht erforderlich war, um das Hyperventilations-Syndrom hervorzurufen: wir beobachten, daß Entspannung in Gegenwart des Rebirthers das Syndrom hervorruft, und das unabhängig von der Atemgeschwindigkeit. Die Atemschnelligkeit zu steigern, so lange das Atmen entspannt ist, beseitigt die Erscheinungen des Syndroms völlig. Der Berufsstand der Mediziner möge entschuldigen, wenn wir seine Arbeit übernehmen, doch es war von unserer Seite eine zufällige Entdeckung, und wir sind damit einverstanden, daß sie ihren Nutzen aus unseren Untersuchungen ziehen.

Nach dem wir mehr als zehntausend Fälle beobachteten, sind wir zu dem Ergebnis gekommen, daß, obgleich einige physiologische (chemische) Erklärungen wertvoll sind, keine davon auf alle Fälle zutreffen. Wir kamen zu dem Schluß, daß der einzige gemeinsame Nenner die Furcht ist und daß alle physischen Vorgänge von psychologischen Ursachen beherrscht scheinen. Leonard definiert Furcht als die Anstrengung, an negativen Gedanken festzuhalten, die eine wesentliche Qualität des Unendlichen Wesens leugnet. Jeder Gedanke gegen das Leben kann das verursachen, was in medizinischer Terminilogie als Starrkrampf bezeichnet wird. Teilnehmer am Rebirthing bezeichnen dieses Phänomen als Krampf oder Lähmung. Dieses Phänomen tritt nicht auf bei Teilnehmern, die sich in die »kribbelnde« Energieerfahrung hinein entspannen, einen gleichen Atemrhythmus beibehalten und sich die Empfindung ihrer Frucht zugestehen. Menschen, die die Energie abblocken und sich selbst schützen wollen, bekommen Lähmungen. Krämpfe können sich während einiger Rebirthing-Vorgänge wiederholen, bis die negativen Empfindungen verbalisiert und freigesetzt werden können. Dann kann er die kribbelnde und vibrierende Energie frei und gleichmäßig durch den ganzen Körper strömen lassen.

Fließt die Energie gleichmäßig und frei im Körper, dann heilt sie den Menschen, bringt ihn in Gleichklang und erdet ihn. Er empfindet ein tiefgreifendes Gefühl des Friedens, der Gelassenheit und des körperlichen Wohlbefindens. Dieser Zustand scheint ewig zu währen. Menschen, die Rebirthing bis zu diesem Punkt fortsetzen, berichten, daß die einfache Atemkraft eine ganz neue Quelle der Gesundheit, der Energie und der Freude ist.

Freisetzen der Energie

Es gibt einen Punkt während des Rebirthing-Vorgangs, wo ein Wiederanschluß an die göttliche Energie erfolgt, so daß Sie das Vibrieren und das Kribbeln in Ihrem Körper erfahren können. Es beginnt beim einzelnen an jeweils unterschiedlichen Körperstellen, und wird, bis das Rebirthing abgeschlossen ist, über den ganzen Körper empfunden. Diese Energie schließt unseren Körper wieder an die universelle Energie an, indem sie die Spannungen – das ist die

Manifestation unserer negativen geistigen Masse – durch Vibration auflöst. Negative geistige Masse kann dauerhaft gelöst werden, indem man in einem gleichmäßigen Rhythmus weiteratmet, während der Körper vibriert und kribbelt – und die Wiederankoppelung an die göttliche Energie erlebt.

Zu den wichtigsten Punkten der Energiefreisetzung gehören:

1. Entspannung bewirkt, daß innerer und äußerer Atem sich vereinen und der Atem offener wird.

2. Wenn der Atem offener wird, dann bewirkt die Vereinigung des Einatmens mit dem Ausatmen die Erfahrung unendlichen Seins auf der körperlichen Ebene.

3. Dieser Atemzyklus reinigt das Gemüt und den Körper; Kribbeln und Vibrieren sind während dieses Reinigungsvorgangs nicht unbedingt vorhanden.

4. Sind Widerstand oder Furcht vorhanden, dann wird der Körper kribbeln und vibrieren; die Vibration ist nicht die Energie, sondern der Widerstand gegen die Energie. Demnach ist die Vibration der Reinigungsvorgang und sollte begrüßt werden. Bei der Beendigung eines Atemzyklus ist der Widerstand aufgelöst und der Mensch atmet schneller – und er fühlt kein Kribbeln. Das Verständnis dieser Dinge hilft den Menschen, die zum ersten Mal Rebirthing betreiben, denn woher sollen sie sonst wissen, daß schnelles Atmen das Kribbeln aufhebt. Die meisten Menschen nehmen an, daß schnelles Atmen das Kribbeln *verursacht*.

5. In Wahrheit löst schnelles Atmen Spannungen und negatives Denken auf, entfernt sie aus dem Körper und das Vibrieren ist mit dem Reinigungsvorgang verbunden.

6. Nach der Reinigung nimmt der Körper mit jedem Atemzug göttliche Energie auf. Man kann das nicht fühlen, doch ist eine Verbesserung der Vitalität und Gesundheit im Körper offensichtlich, und das Gemüt erfährt Glückseligkeit.

7. Die Energiefreisetzung löst tatsächlich Widerstände gegen die göttliche Energie auf.

Die Energiefreisetzung im Körper ist so dramatisch, daß viele Menschen Angst vor dem Vibrieren empfinden und sie beenden möchten. Da diese Energie Ihre eigene Lebenskraft ist, sollten Sie nicht versuchen, sie einzudämmen. Wenn Sie versuchen, die in Ihrem Körper fließende Energie zu stoppen, so verursacht das Enge, Krämpfe und zeitweise Lähmungen. Stellen Sie sich vor, was an diesem Punkt in Ihrem Gemüt vor sich gehen mag: Der Körper hat wieder Verbindung mit der Freude, die er im Mutterleib empfand. Das letzte Mal, als Sie so viel Freude erfuhren, führte dies zu Ihrer Geburt und dem sich daraus ergebenden Trauma. Daher glauben Sie, daß wieder etwas Schreckliches geschehen müsse. Dies ist der Punkt, an dem die Philosophie in die Welt kam, Freude müsse von Leid begleitet werden, oder die Seligkeit und die Freude des Mutterleibs führe zum Schmerz des Geburtstraumas. So schafft die Freude, die durch die Vibrationen erfahren wird, zur Furcht vor dem »Unvermeidlichen« (das niemals eintritt). Wenn wir eine Freude zum ersten Mal erfahren, befaßt sich unser Denken damit, wie wir schließlich für dieses Vergnügen zu zahlen haben, und vernichtet Freude, Vergnügen. Daher versuchen Sie vielleicht, diese Schwingungen zu unterdrücken, und weisen die Empfindung der eigenen Lebenskraft zurück. Wenn Sie jedoch versuchen, dieses Vibrieren zu unterbinden, tritt ein schmerzhafter Konflikt ein und Sie können sich selbst zeitweise lähmen. *Lähmungen werden verursacht, wenn wir uns selbst Widerstand leisten.*

Ein Teil Ihres Gemüts sagt: »Ich möchte das tun«, und ein anderer sagt: »Vorsicht, halt, vielleicht will ich das doch nicht.« Dieser Konflikt ruft im Körper eine Paralyse hervor. Es ist der gleiche Konflikt wie bei unserer Geburt. »Ich möchte aus dem Mutterleib heraus« und »Ich möcht nicht gehen«. Die Furcht vor nichtwiedergutzumachendem Schaden ist der Gedanke, »wenn ich aus dem Mutterleib heraus bin, kann ich niemals wieder hinein«. Diese Furcht vor unwiderruflicher Veränderung ist der Ursprung aller Angst. (Dies ist gleichzeitig Grundlage für unsere Angst vor dem Tod.)

Die Lähmung dauert normalerweise nur zehn bis fünfzehn Minuten, wobei die Furcht besteht, sie könne für immer anhalten und irreparablen Schaden verursachen. Ist es vorbei, mag man denken, die Energie habe die Lähmung verursacht. Aber die Energie war *nicht* die Ursache! Es war die Angst vor und der Widerstand gegen diese

Energie, die die Paralyse bewirkten. Wenn Sie jedoch glauben, daß die Schwingungen, die eigentlich angenehm waren, die Krämpfe verursachten, dann halten Sie möglicherweise Ihren Widerstand aufrecht. Wenn Sie Freude empfanden und befürchteten, etwas Schreckliches würde geschehen, und dann geschah auch etwas Schlimmes, folgern Sie daraus vielleicht, daß es nur richtig war, daß Sie versuchten, dies abzustoppen. Es kann sogar sein, daß Sie denken, daß noch Schlimmeres hätte geschehen können, falls Sie diese Energie nicht unterbunden hätten. So bleibt die Neigung zum Widerstand bestehen, und alles wird nur schlimmer. Und aus jedem Schlimmerwerden ziehen Sie wahrscheinlich den Schluß, das Richtige getan zu haben. Vielleicht sagen Sie sich selbst: »Es wurde schon schlimmer, als ich versuchte, es zu stoppen. Wie wäre es erst geworden, wenn ich nicht versucht hätte, es zu beenden?«

Nicht jeder durchläuft diesen irrigen Argumentationsprozeß, doch die Menschen, die es tun, versperren sich stets neu und erleben diese Furcht immer wieder, bis die Schmerzen entsetzlich werden. Ist dieser Punkt erreicht, dann beginnen sie endlich loszulassen und befolgen die Anweisungen des Rebirthers. Sobald sie effizienter atmen, läßt die Paralyse sofort nach. Doch sobald die Lähmung schwächer wird, beginnen Vibrieren und Kribbeln erneut heftig. Dadurch werden sie gewöhnlich verängstigt und machen wieder dicht. Es gibt Menschen, die viele solcher Zyklen durchlaufen, bis es Ihnen gelingt, zu entspannen und mit einer rhythmischen Geschwindigkeit zu atmen. Sie können all dies vermeiden, wenn Sie sich einfach der Erfahrung überlassen, wie Sie die eigene Lebenskaft in Ihrem Körper spüren.

Rhythmisches Atmen bedeutet: beim Einatmen anspannen und beim Ausatmen entspannen, und dies in einem gleichmäßigen Fluß, so daß Einatmen und Ausatmen verbunden, also eine Einheit sind. Der Schlüssel liegt darin, sich bis in das Kribbeln hinein zu entspannen.

Rhythmisches Atmen entfernt die negative Gedankenmasse aus Ihrem Körper und ermöglicht Ihnen, statt dessen Lebensenergie in ihn aufzunehmen. Sind Sie während des Freigebens der Energie bereit, den Anweisungen des Rebirthers bezüglich des Atmens zu vertrauen, dann können Sie mit einem Minimum an Unbehagen die Energiefreisetzung durchziehen. Schlimmstenfalls könnte es sein, daß Sie – da das Geburtstrauma die ursprüngliche Quelle allen Mißtrauens ist – an diesem Punkt dem Rebirther mißtrauen und daß alles, was der Rebirther sagt oder tut, Ihnen verkehrt erscheint. Sie könnten dadurch die Schmerzen verlängern. Wenn Sie das tun, dann beschuldigen Sie auch den Rebirther für die Schmerzen, die Sie selbst verursachen.

Ein in Ihrem Körper gehaltener Gedanke widersteht automatisch der Lebendigkeit des Unendlichen Seins. Die Gegenwart des Rebirthers reduziert automatisch den Widerstand! Der Rebirther kann Ihnen helfen, die Schmerzen zu lindern. Zusammenarbeiten ist das Beste, was Sie für sich selbst tun können. Es ist eben Ihr Geburtstrauma, das Sie beim Wiedererleben dieses Traumas »versagen« läßt, daher mag es sein, daß Sie das Rebirthing einige Male vermasseln. Sie haben es geschafft, wenn Sie Rebirthing gut können und es richtig machen.

Menschen, die beim Rebirthing zeitweise gelähmt sind, sind vielleicht besser dran als solche, die es nicht sind, denn sie lernen zwei Dinge: Erstens: Sobald sie mit ihrer Furcht vor den Symptomen in Berührung kommen und diese Furcht loslassen, läßt die Paralyse nach und ihr Körper öffnet sich und empfindet Freude; sie lernen, daß hinter allen Schmerzen und aller Furcht die Freude steht, die Gottes Liebe ist. Zweitens: Gelingt es Ihnen nicht, mit ihrer Furcht in Berührung zu kommen und sie auszusprechen, können jedoch sich in die Symptome hinein entspannen und atmen weiter, dann verschwindet die Lähmung ebenfalls. Sie lernen also, daß Heilung unvermeidlich ist, ob sie es nun verstehen oder nicht!

Daher ist das Rebirthing ein Beispiel für alle Heilungen. Die Elemente sind folgende: Entspannen Sie in die Symptome hinein, damit Sie die darin enthaltenen Mitteilungen verstehen. Haben Sie keine Angst. Schmerzen und Furcht entstehen, wenn wir an negativen Gedanken festhalten. Hinter aller Furcht, hinter allen Schmerzen liegt die Freude, die die physisch gestaltgewordene metaphysische Liebe Gottes ist. Jeder Schmerz, jede Furcht und jede Krankheit ist auf irgendeiner Ebene ein Widerstehen der Freude über Gottes Liebe und Weisheit.

Die Freude ist ein natürlicher Zustand. Alles andere ist unnatürlich ... und somit letztendlich selbstzerstörerisch. Wenn Sie sich nicht in den Schmerz hinein entspannen, und hindurch gehen bis zu der dahinterliegenden Freude, dann wird das Leben eine große Anstrengung, und Sie lieben den Tod mehr als das Leben. *Sterben heißt, den Schmerz mehr zu lieben als die Freude.*

Was die Menschen betrifft, die keine vorübergehende Lähmung erfahren, so können wir nur annehmen, daß sie das Freude-Leid-Prinzip schon vorher auf andere Weise gemeistert haben, oder dies in der Zukunft erst durchlaufen werden. Die wenigen Menschen, denen es gelingt, die Geburtserfahrung ohne Lähmung zu durchlaufen, besitzen die Fähigkeit, sich völlig fallen zu lassen. Die Fähigkeit, während der Energiefreisetzung völlig loszulassen, beruht auf Vertrauen.

Die Energiefreisetzung gibt Ihnen einen neuen Körper. Sie fühlen sich auf eine wundervolle Weise mit Ihrem Körper verbunden – sinnliche – überströmende – körperliche Energie und ein Gefühl der Sicherheit und Gelassenheit überkommt Sie. Ist die Wiedergeburtserfahrung abgeschlossen, dann bleibt die Gelassenheit Teil Ihres Wesens. Sie könnte nur noch durch die negative geistige Haltung anderer in Ihrer Umgebung unterbrochen werden.

Während des Rebirthens brauchen Sie das Vertrauen, daß es im Universum keine natürliche Kraft gibt, die Sie verletzen wird. Vertrauen Sie darauf, daß durch Ihr eigenes Denken bewirkt wird, was in Ihrem Körper geschieht, und daß Sie ebenso ungeschehen machen können. Vertrauen Sie darauf, daß das Vibrieren gute Energie ist, die Sie heilen, Ihre Spannungen und negativen Gedankenmasse mobilisieren und Sie in die Lage versetzen wird, sie auszuatmen. Vertrauen Sie darauf, daß das Kribbeln und Vibrieren »Gott ist, der Sie auf der Ebene jeder einzelnen Zelle liebt«. Vertrauen Sie darauf, daß die Ihren Körper durchströmende Energie Ihre ursprüngliche Fähigkeit wiederherstellt, Freude und Gelassenheit zu erleben. Vertrauen Sie Ihrem Rebirther, der bereits Hunderte von Menschen durch diese Erfahrung geleitet hat, von denen jeder sie überstand. Wenn Sie Ihre Geburt überlebt haben, dann überleben Sie auch Ihre Wiedergeburt!

Bilder

Während des Rebirthens kann es vorkommen – möglicherweise gleich beim ersten Mal –, daß Sie die völlige Rückerinnerung an Ihre Geburtsszene erreichen. Doch es mag sein, daß Sie mit Ihrem physischen Körper so beschäftigt sind, daß Ihnen die Erinnerungen und Bilder unwichtig scheinen. Jedoch werden diese Bilder gewöhnlich mit jedem folgenden Rebirthing immer klarer, und nachdem Sie den körperlichen Dinge ausgearbeitet haben, können Sie sich jederzeit still hinsetzen und sich die Ihre Geburt umgebenden Ereignisse ins Gedächtnis zurückrufen. Mit anderen Worten: Nachdem das Trauma entfernt ist, wird es Ihnen gelingen, sich völlig an Ihre Geburtserfahrung und die damit verbundenen Ereignisse zu erinnern. Ich habe Rebirthing mit verschiedenen Menschen durchgeführt, die adoptiert wurden und bis zu diesem Tag keine bewußte Erinnerung an ihre wirklichen Eltern hatten. Beim Wiedererleben der Geburt waren sie buchstäblich in der Lage, ihre echten Mütter und Väter zu »sehen« und mir unglaubliche Details aus deren Leben zu berichten. Das half ihnen dabei, ihre Eltern zu verstehen und ihnen zu vergeben, daß sie sie zur Adoption freigegeben hatten. Hunderte von Menschen konnten sich an Dinge erinnern, die ihnen niemals erzählt wurden. Diese Details wurden dann den Eltern mitgeteilt, überprüft und bestätigt, sehr zur Überraschung der Eltern.

Die meisten Menschen haben Mühe, sich an ihre Geburt zu erinnern, weil die negative Gedankenmasse sie hemmt, sich an irgendetwas vor dem Alter von drei bis fünf Jahren zu erinnern. Erinnerungsblockaden, die von vergangenen traumatischen Erfahrungen herrühren, sind in der Psychologie ein allgemein bekannter Faktor. Die Theorie besagt, daß leidvolle Erfahrungen von der Erinnerung blokkiert werden, weil die Person sich an das Leid nicht erinnern will. Nach unserer Theorie werden durch die Erinnerung dieser Erfahrung Schmerzen freigesetzt und Gemüt und Körper befreit; und diese Freisetzung ist nicht schmerzhaft, sondern manchmal äußert angenehm. Die Angst vor peinigenden Erinnerungen hält die Schmerzen im Geist und im Körper fest, wo sie als Schmerzen oder Anspannung erfahren werden. Um Ihre Erinnerung freizusetzen, müssen Sie das Konzept aufgeben, daß das Zurückrufen schmerzlicher Vorfälle die Schmerzen verschlimmere, und sich der Vorstellung öffnen, daß das Loslassen sich lohnt und wunderbar ist.

Rebirthing konzentriert sich mehr darauf, das Trauma zu entlasten als es neu zu durchleben. Die meisten Menschen halten es nicht für erforderlich, wenn die den Abfall raustragen, jede Dose, Schachtel, Verpackung durchzusehen, bevor sie alles in die Abfalltonne werfen. Es ist jedoch ein seltsames Phänomen, daß die gleichen Menschen, wenn Sie psychologischen Müll beseitigen, es für notwendig halten, mit aller Sorgfalt alles und jedes durchzusehen, auszusieben, zu schmecken, berühren, riechen, analysieren, klassifizieren, untersuchen und zu verstehen, um sicherzusein, daß sie nichts Wertvolles wegwerfen. Unter Verwendung dieser Analogie meinen wir, daß Psychoanalyse und Psychotherapie als sorgfältiges Durchsehen des psychologischen Abfalls bezeichnet werden kann in dem Versuch, ihn zu verstehen, während Rebirthing (in den meisten Fällen) den gesamten Abfall in einem großen Schwung hinausbefördert. Zu Beginn geraten einige Leute davon so sehr aus der Fassung – weil im Rebirthing die negative Masse so schnell freigesetzt wird – daß keine Zeit bleibt, darüber nachzudenken oder es zu verstehen. Nach dem Rebirthing fühlen sich die meisten Menschen jedoch so gut, daß es ihnen völlig gleichgültig ist, ob sie nun alles »verstehen« oder nicht.

Symptome

Wir sehen Rebirthing als die letzte und höchste Heilungserfahrung an, weil Ihr Atmen – zusammen mit der Qualität Ihrer Gedanken – alles zu heilen vermag. Wir haben erlebt, wie Symptome, angefangen von Migräne-Kopfschmerzen bis hin zu gestauchten Knöcheln als Ergebnis von Rebirthing verschwinden. Krankheiten der Atemorgane, Magen- und Rückenschmerzen sind verschwunden. Frigidität, Hämorrhoiden, Schlaflosigkeit, Diabetis, Epilepsie, Krebs, Athritis und alle möglichen Krankheiten wurden dadurch beseitigt. Diese

Krankheiten scheinen durch das Geburtstrauma hervorgerufen oder verlängert zu werden. Die Menschen hängen fest in den Symptomen ihres Geburtstraumas und entwickeln medizinische Systeme darüber. Die Ärzte werden dann zu Ersatz-Müttern, die den infantilen Akt unterstützen. Beim Rebirthing erleben wir, daß Menschen innerhalb von zehn Minuten physiologische Veränderungen durchlaufen, mit denen andere jahrelang hadern und an denen sie sterben könnten.

Auf der anderen Seite schafft Rebirthing eine sichere Umgebung für Geist und Körper, um die Symptome der Vergangenheit (zum Beispiel Kinderkrankheiten und frühere Muster) auszuleben. Man tut gut daran, daran zu denken, daß diese Symptome vorübergehender Natur sind und relativ leicht durch einen mächtigen Strom uneingeschränkten Atmens aufgelöst werden können. Doch wenn Sie vor diesen Symptomen Angst empfinden oder sie ablehnen, dann behindern Sie möglicherweise Ihre natürlichen Heilkräfte. Einige dieser Symptome mögen lästig und furchterregend sein. Wenden Sie sich an Ärzte, denen Sie vertrauen können, und an spirituelle und geistige Heiler, um es sich zu erleichtern, aus den Fallen Ihres eigenen Gemüts herauszukommen. Rebirthing ist nicht für Menschen geeignet, die sich furchtsam aus dem Leben zurückziehen, die sich am liebsten zusammenrollen und sterben möchten, es sei denn, sie wollen dieses Muster durchbrechen. Rebirthing ist für die Menschen, die sich der Lebendigkeit verschrieben haben und ein volles, freies und gesundes Leben in Geist, Gemüt und Körper führen möchten.

Wir wollen auch deutlich machen, daß das Geburtstrauma nicht für alles verantwortlich ist. In gewisser Weise wird das Geburtstrauma sogar stark überbewertet, wenngleich es häufig verantwortlich ist für unheilbare Krankheiten und viele Allgemeinbeschwerden, die die Menschen ein Leben lang plagen, einschließlich des Verkümmerns der Atmung, das das Glück der Menschen wohl am meisten beeinträchtigt. Wenn Rebirthing diese Dinge bereinigt, dann wird der durch das Geburtstrauma angerichtete Schaden unerheblich. Es ist erstaunlich, daß, wenn wir ein Problem haben, dies alles beherrscht und durchdringt, doch ist dieses Problem verschwunden, ist es uns unmöglich, uns daran zu erinnern, welche Belastung es war. So durchdringt das

Geburtstrauma alles und beherrscht uns, bis wir frei sind und uns wundern, warum wir so viel Aufhebens davon gemacht haben. Dies Paradoxon ist eine Tragödie für unsere Dankbarkeit, doch ein Gewinn für Glückseligkeit und Bewältigung. Es ist gut, dankbar zu sein, doch früher oder später müssen wir uns wieder dem Leben zuwenden. Der erste Schritt besteht darin, das Geburtstrauma aus dem unterdrückten Gefängnis des individuellen Unterbewußtseins herauszulassen, der zweite, den an Seele und Körper des Menschen angerichteten Schaden zu heilen und der dritte Schritt, vom Heilungsvorgang frei zu werden, wie vom Trauma selbst und ein erfolgreiches Leben fortzusetzen.

Es gibt noch mehr allgemeine Segnungen, die jedem zuteil werden, der Rebirthing ganz durchläuft. Die wohl wichtigste liegt in der Fähigkeit, Liebe anzunehmen, und direkt zu erfahren, wie sie in das eigene Leben eingeht. Während des Rebirthing sind Sie körperlich in der Lage, den Unterschied zwischen Ablehnung und Annahme der Liebe zu erleben, und dazu ist nicht einmal Berührung erforderlich. Als Ergebnis davon erfahren die Menschen in ihrem täglichen Leben mehr und mehr Glückseligkeit, ohne daß sie direkt daran arbeiten. So wird auch der pyhsische Körper ein angenehmerer Aufenthaltsort. Wenn alte Schmerzen, Leiden und Spannungen auf immer verschwunden sind, kann sogar bloßes Gehen orgasmisch werden. Ein weiterer Vorteil liegt im psychischen Wahrnehmen. Menschen, die Rebirthing durchlebt haben, machen mehr und mehr telepatische Erfahrungen und besitzen intuitives Wissen, wodurch ihr Leben mühelos, vergnüglich und interessant wird.

Neben einem gesunderen, entspannteren Körper spüren die Menschen viel mehr körperliche Energie und brauchen weniger Schlaf. Die Energie, die bisher aufgewendet wurde, um das Geburtstrauma zu unterdrücken, wird freigesetzt und steht jetzt für andere und bessere Dinge zur Verfügung. Folglich werden Menschen, die Rebirthing durchgelebt haben, immer schöner. Sowohl eine Neigung zur Verjüngung wie auch der Wunsch nach körperlicher Unsterblichkeit treten auf. Nach der Befreiung des Atems entwickelt sich die Fähigkeit zu freiem und ungehemmtem, uneingeschränktem Atem ganz natürlich. Dadurch fällt auch die Arbeit leichter und wird immer mehr zu einem

Spiel, besonders dann, wenn die Menschen einen Beruf ausüben, den sie lieben.

Die Ergebnisse des Rebirthing sind nicht immer rosig. Die Stimmungswechsel eines Menschen sind manchmal übertrieben. Einige Menschen berichten, daß sie nach dem Rebirthing ihre höchsten Höhen und die tiefsten Tiefen erfuhren, die jedoch schließlich in Glückseligkeit endeten. Einige Menschen erfahren Schmerzen und sonstige Arten des Unbehagens, die durch die neue innere Freiheit hervorgerufen werden. Es ist meist möglich, aus dem Rebirthing in einem Zustand immerwährender Gesundheit und Glückseligkeit herauszukommen, doch der Pfad ist manchmal sehr steinig. Im großen und ganzen ist Rebirthing die schnellste und wirkungsvollste Technik zu einem höheren Bewußtsein, die wir kennen. Wenn die Menschen im Rebirthing ihre Geburt wiedererleben, dann wollen sie vielleicht auch verschiedene Perioden der Kinderzeit wiedererleben, die von Gefühlen der Hilflosigkeit und Hoffnungslosigkeit durchtränkt sind.

Echte spirituelle Erfahrungen können entweder Heilung oder Krankheit hervorrufen. Ursachen und Beseitigung spezifischer Symptome sind in der Persönlichkeitsstruktur bereits vorhanden, und die spirituelle Energie aktiviert und befreit den Menschen aus dem Kreis von Ursache und Wirkung. Reine Lebendigkeit transzendiert immer das Rad des Karma und bringt größere persönliche Freiheit.

Rebirthing hebt schließlich Ihre Selbstachtung auf eine sehr hohe Ebene. Und wenn dies geschieht, werden davon alle Bereiche Ihres Lebens betroffen. Beziehungen zu Eltern und denen, die wir lieben, verändern sich oft in drastischer Weise zum Besseren. Eine der dankbarsten Erfahrungen, die ich je gemacht habe, betraf eine Frau, die verschiedene Male Rebirthing machte und die ihre Mutter aus Europa mitbrachte, um mit ihr zusammen Rebirthing zu machen. Die Mutter sprach kein Wort Englisch, doch das war unwichtig. Das Rebirthing lief vollkommen ab. Die Tochter schloß die schluchzende Mutter in die Arme und die Mutter schaffte es mit ihrer Hilfe, die »andere Seite« zu erreichen.

Sie können sich selbst alleine rebirthen. Es ist jedoch klug, angenehm und angemessen, eine Beziehung mit einem Rebirther herzustellen. Ein qualifizierter Rebirther steigert die Effizienz und Sicherheit der Rebirth-Erfahrung. Wenn Sie später die Befreiung Ihres Atmens erfahren haben, können Sie sich ohne die Anwesenheit eines Rebirthers rebirthen. Leonard arbeitete über fünf Jahre an seinem eigenen Rebirthing-Prozeß und hat ihn erst abgeschlossen, nachdem er ein Dutzend Rebirther ausgebildet hatte, die ihm bei seinem Rebirthing behilfich waren. Seine Folgerung: Bestimmte Aspekte sind aufgrund der Komplexität des Geistes und die vergangene Zeit zwischen der Geburt und dem Wiedererleben der Geburt furchterregend ohne die Gegenwart eines Menschen, der erfahren und besonders befähigt ist. Rebirthing ist eine Rückführung in das Säuglingsalter, und eine Eigenschaft des Säuglings ist das Bedürfnis, umsorgt zu werden. Es ist nicht machbar, sich selbst zu rebirthen, solange man das »Säuglingsstadium« nicht hinter sich gelassen hat.

Wenn Sie normal, ausgeglichen und auch bereit sind, maximale Verantwortung für Ihre Teilnahme am Rebirthing zu übernehmen, dann werden Sie wahrscheinlich Ihr Geburtstrauma und seine Auswirkungen in einer bis fünf Sitzungen auslöschen und eine neue Beziehung zu Ihrer göttlichen spirituellen Energie herstellen. Wenn Sie Ihre gesamte Aufmerksamkeit und Ihren Willen auf diesen Vorgang lenken, dann ist es leicht. Sind Sie jedoch grundsätzlich nicht bereit, die Wahrheit über sich selbst herauszufinden, dann brauchen Sie möglicherweise 100 Sitzungen, um das gleiche zu erreichen. Paradoxerweise verhindert die Angst vor dem Mißerfolg den Erfolg. Die Bereitschaft, den Dingen ins Gesicht zu sehen, ist eine Eigenschaft erfolgreicher Menschen.

Rebirthing kann in Gruppen vorgenommen werden, doch es ist vorzuziehen, dies individuell zu tun, damit Sie all die liebevolle Aufmerksamkeit erhalten, die Sie verdienen und die Ihnen bei der ersten Geburt nicht zuteil wurde. Leonard experimentierte mit fünfzig bis hundert Menschen gleichzeitig, die paarweise miteinander arbeiten. Er empfindet das als nicht ideal. Die Ergebnisse sind jedoch zu segensreich, um ignoriert zu werden. Wegen meiner Arbeit im Training für Liebevolle Beziehungen habe ich besondere Freude daran, mit Paaren zu arbeiten. Wenn man sich gegenseitig bei diesem Vorgang beobachtet, wird dadurch eine völlig neue Ebene des Verständnisses und Tiefe der Liebe eröffnet.

Da Rebirthing und andere Formen spiritueller Erleuchtung sich in der Gesellschaft immer weiter ausbreiten, werden mehr und mehr Menschen spontan durch die psychische Sicherheit, die durch die erleuchteten Menschen um sie herum gegeben ist, zu einer spontanen Rebirthing-Erfahrung veranlaßt. Die »Rebirth«-Erfahrung ist völlig sicher, wenn man entspannt ist und entspannt atmet. Der allgemeine Nenner beim Geburtstrauma ist die Angst vor unwiderruflichem Schaden. Die meisten Menschen nehmen es übel, daß sie den Mutterleib verlassen müssen, und erfahren deswegen nichtwiedergutzumachenden Schaden, weil sie nicht dahin zurück können. Da sie die Geburtserfahrung weder in ihr Bewußtsein eingliedern noch verstehen, gehen sie mit einer ständigen Angst vor nichtwiedergutzumachendem Schaden durch das Leben. Unglücklicherweise kann das Unterbewußtsein diese Furcht in eine kausale Erwartungshaltung verwandeln. Untersuchen Sie den Einfluß des Geburtstraumas auf die Gefühle der Menschen, dann werden Sie sicher feststellen, was dadurch überall im menschlichen Verhalten verursacht wird. Wir haben zum Beispiel eine statistische Beziehung herstellen können, daß Menschen, die bei der Geburt einen Klaps auf den Po erhielten, später häufig Autounfälle am hinteren Teil des Wagens haben. Viele Arten von Verbrechen, Opferbewußtsein, Versagen und Krankheiten können auf diese Furcht vor irreparablem Schaden zurückgeführt werden.

Wann immer Sie große Angst oder Furcht vor Verletzung oder nichtwiedergutzumachendem Schaden haben, suchen Sie einen sicheren Ort auf, setzen oder legen sich hin, entspannen sich und atmen. Arbeiten Sie mit einem gut ausgebildeten Rebirther, dann verstehen Sie schon bald die Dynamik all dieser Dinge und lernen, auf leichte Weise damit umzugehen.

B

Affirmationen für »Rebirthing«

1. Ich atme tief und frei.
2. Ich habe meine Geburt überlebt, also lieben meine Eltern, der Arzt und ich selbst das Leben mehr als den Tod und entschieden sich für mein Überleben.
3. Mein physischer Körper ist ein angenehmes und wundervolles Mittel für meinen vollen und freien Selbstausdruck.
4. Ich bin glücklich, den Mutterleib verlassen zu haben, denn so kann ich mich voll und frei zum Ausdruck bringen.
5. Ich empfange jetzt Hilfe und Mitarbeit von den Menschen um mich herum.
6. Ich bin sicher, beschützt durch die Unendliche Intelligenz und die Unendliche Liebe. Menschen und Dinge können mich nur noch mit meiner bewußten Zustimmung verletzen.
7. Ich entlasse meine Angst vor dem Atmen.
8. Ich habe das Recht und die Fähigkeit, meine feindseligen Gefühle über meine Geburt auszudrücken, ohne deswegen die Liebe und Unterstützung der Menschen zu verlieren.
9. Ich bin jetzt bereit, meine Geburt genau zu sehen.
10. Ich kann all meine Leere empfinden und doch weiterleben.
11. Ich vergebe mir die Schmerzen, die ich mir selbst bei der Geburt verursacht habe.
12. Energie und Vitalität sind mein Geburtsrecht.
13. Meine Mutter liebt und schätzt mich.
14. Meine Mutter ist jetzt froh, daß ich geboren wurde.
15. Meine Mutter ist jetzt glücklich, mich aus dem Mutterleib zu entlassen.

16. Es war eine besondere Ehre für meine Mutter, mich auf die Welt zu bringen.
17. Ich bin der Weg, die Wahrheit und das Leben. Ich kam durch ihren Körper und ich bin glücklich, hier zu sein. Das gesamte Universum ist glücklich, daß ich hier bin.
18. Ich fühle mich nicht mehr unerwünscht. Das Universum jubelt, weil ich darin lebe.
19. Das Universum singt in jedem meiner Atome.
20. Meine Mutter, mein Vater, meine Familie und die Freunde, alle sind froh, daß ich geboren wurde und am Leben bin.
21. Dank dem Herrn für die Vollkommenheit meines lebendigen Fleisches.

C

Mehr über Affirmationen

Bedenken wir, eine Affirmation ist ein positiver Gedanke, den wir bewußt wählen und in unser Bewußtsein senken, um ein gewünschtes Ergebnis zu erzielen. Sie ist auch wie ein Gebet, das auf den Unendlichen Geist gerichtet wird. Sagen oder schreiben wir eine Bejahung, dann ist das eine Art, sich selbst zu lieben. Letztendlich ist es eine gute Idee, selbst zu einer Bejahung zu WERDEN. Dann befinden Sie sich in einem ständigen Zustand des Gebetes. Eines Tages geschieht das von selbst. Bis dahin müssen Sie Ihr Denken mehr oder weniger trainieren. Affirmationen zu sprechen oder zu schreiben ist eine sehr spirituelle und machtvolle Angelegenheit; es ist jedoch wichtig zu bedenken, daß »Liebe alles ans Tageslicht bringt, was ihr nicht gleicht«. Da Affirmationen eine Möglichkeit sind, uns selbst zu lieben, wird alles, was diesem gewünschten Ziel im Wege steht, an die Oberfläche geholt, damit wir es lösen. Vielleicht scheint Ihnen Ihr Leben dadurch zunächst recht fremd, doch fahren Sie mit den Bejahungen fort, wird der Widerstand schließlich aufgelöst, die Affirmation in Ihr Bewußtsein integriert, und der neue Gedanke manifestiert sich. Denken Sie positiv über Ihren Partner und die, die Sie lieben. Denn wenn Sie dagegen an den negativen Gedanken festhalten, verstärkt sich das Negative nur.

Zu Ihrer Freude und damit Sie es leicht haben, biete ich Ihnen hier eine Vielzahl hervorragender Bejahungen über Beziehungen an:

Affirmationen für Beziehungen

1. Ich liebe mich selbst, daher lieben mich auch andere Menschen.
2. In der Gegenwart anderer gehe ich freundlich mit mir selbst um.
3. Ich bin willens, Liebe zu akzeptieren und gebe jeden Widerstand auf.
4. Es ist sicher, sich der Liebe zu unterwerfen.
5. Liebe ist meine Sicherheit.
6. Ich bin willens, mich in Liebe unterstützen zu lassen.
7. Liebe heilt mich immer.
8. Ich bekomme immer das, was ich mir wünsche, und ich wünsche mir nur das, was gut für mich ist.
9. Ich ziehe nur liebevolle, gute Menschen an.
10. Ich höre auf, meine Gefühle zu unterdrücken. Ich kann meine Gefühle anderen gegenüber leicht zum Ausdruck bringen.
11. Ich wähle jetzt die Freude in meinem Leben. Freude führt zu immer mehr Freude.
12. Ich liebe Gott und ich liebe das Leben, deshalb liebt mich jeder ganz und gar.
13. Mein Bewußtsein ist jetzt auf Erfolg gerichtet.
14. Ich vergebe meiner Mutter für ihr unwissendes Verhalten mir gegenüber.
15. Ich vergebe meinem Vater für sein unwissendes Verhalten mir gegenüber.
16. Ich bin bereit, Mitgefühl, Liebe und Freundschaft mit meinen Eltern zu erfahren, ganz gleich, wo sie sich jetzt aufhalten.
17. Ich höre auf, Partner anzuziehen, die meine Eltern sind. Ich ziehe

jetzt Partner in Harmonie mit meinen höchsten spirituellen Gedanken an.

18. Ich vergebe mir selbst vollkommen. Ich bin unschuldig.
19. Ich lasse von dem Gedanken ab, versagen zu müssen, um es anderen heimzuzahlen.
20. Ich gebe meine Rolle als hilfloser Säugling auf. Ich liebe es, erwachsen zu sein und die Verantwortung für meine Kreativität zu übernehmen.
21. Ich bin willens, den Kampf in Beziehungen wegzulassen, und erlaube mir, leichte und mühelose Erfahrungen zu machen.
22. Mein Körper ist jung und gesund – und ich bin geheilt.
23. Es ist richtig, in meinen Beziehungen all das zu tun, was mir Freude macht.
24. Je mehr ich mich selbst erfreue, um so näher bin ich dem Gedanken an Gott.
25. Ich vergebe meiner Familie die Verwirrungen über Sex. Ich vergebe ihnen und mir für die Unterdrückung sexueller Gefühle.
26. Ich bin jetzt willens, unterdrückte Inzestgefühle sicher und in angenehmer Weise an die Oberfläche steigen zu lassen.
27. Meine negativen Muster lösen sich jetzt mühelos auf.
28. Da alles, woran ich denke, sich ausbreitet, denk ich nur noch an gute Dinge und atme alles Negative aus.
29. Ich liebe es, selbst mit meinem Partner »Rebirthing« zu machen und wir tun das häufig.
30. Mein Lebenswille ist stärker als mein Todeswunsch, und so lange ich meinen Lebenswillen stärke und mein Todeswunsch schwäche, werde ich in Gesundheit, Glück und in großartigen Beziehungen weiterleben.
31. Ich verändere jetzt meinen negativsten Gedanken über mich selbst in __________
32. Ich verändere jetzt meinen negativsten Gedanken über Beziehungen in __________
33. Mein Partner und ich freuen uns, daß Liebe, Gesundheit, Glück, Wohlstand, Weisheit, Harmonie, voller Selbstausdruck, sexuelle Glückseligkeit und körperliche Unsterblichkeit ständig wachsen.

34. Meine Vergangenheit ist abgeschlossen. Alles entwickelt sich harmonisch.
35. Alle früheren Beziehungen klären sich nun leicht und angenehm.
36. Mein Partner und ich geben uns viel geistigen Freiraum, in dem wir uns wohl fühlen.
37. Ich übernehme jetzt die Verantwortung für meine Gefühle der Eifersucht und höre auf, meinen Zustand dafür verantwortlich zu machen.
38. Je mehr Selbstachtung ich habe, um so weniger eifersüchtig bin ich.
39. Mein Sexualleben wird täglich vollkommener.
40. Da die Menschen mich so behandeln, wie ich mit mir selbst umgehe, behandle ich mich jetzt selbst hervorragend.
41. Ich bin ein wunderbarer, liebenswerter Mensch und ich verdiene Liebe.
42. Ich bin von Tag zu Tag und in jeder Weise fähiger zu empfangen.
43. Alle meine Beziehungen sind jetzt liebevoll, dauerhaft und harmonisch.
44. Ich profitiere von all meinen Beziehungen.
45. Ich drücke mich klar und produktiv in meinen Beziehungen aus.
46. Ich behandle meinen Partner immer mit äußerster Freundlichkeit.
47. Mein Partner und ich überlassen uns leicht dem höchsten spirituellen Gedanken.
48. Wir sagen beide die Wahrheit, so schnell wir können.
50. Jeden Tag bringen wir, in Worten und körperlich, mehr Liebe für einander zum Ausdruck.
51. Unsere Beziehung wird von Tag zu Tag aufregender.
52. Wir kommen uns täglich in jeder Weise näher.
53. Jeden Tag wird unsere Beziehung romantischer und unsterblicher.
54. Jeden Tag fühlen wir uns leidenschaftlicher und gesünder.
55. Ich danke täglich für diesen Partner und ich lobe mich dafür, daß ich diese Beziehung geschaffen habe.
56. Mein Partner und ich dienen Gott gemeinsam und bringen den Geist auf hohe Weise zum Ausdruck, indem wir unser Leben und unser Licht mit der Welt teilen.

57. Unsere Beziehung ist vom Bewußtsein der Freude, des Vergnügens und von Wundern getragen.
58. Wann immer ich dies wünsche, kann ich durch die Kraft meines Denkens leicht neue Beziehungen schaffen.
59. Je wunderbarer meine Gedanken sind, um so großartigere Menschen ziehe ich an.

Die allerbesten der Affirmationen für Beziehungen, die ich gefunden habe, sind auf einem Band »Your Ideal Loving Relationship« (Deine ideale Liebesbeziehung) und »Your Ideal Relationship with Sex« (Dein ideales Verhältnis zum Sex)* erhältlich. Die Affirmationen sind nicht nur phantastisch, sie sind auch mit Musik unterlegt. Diese Musik wurde von meinem Freund Raphael, einem brillanten Pianisten, geschrieben, und er schuf mit seinen Freunden Klänge, die die Schwingung jeder Affirmation unterstreichen. Dadurch entsteht eine sehr besänftigende und meditative Wirkung. Die Musik hilft Ihnen zu entspannen, so daß der Widerstand verringert wird und die Bejahungen leichter in das Gemüt einsinken!

Ein Mann, den ich in Hollywood kennenlernte, sagte mir, daß, wenn Beziehungen so sein könnten, wie sie auf diesem Band mit Affirmationen beschrieben sind, dies der Himmel auf Erden sein würde. Ihr eigener Weg zum Himmel auf Erden in Ihren Beziehungen beginnt, wenn Sie anfangen, diese Gedanken zu Ihren zu machen.

Jetzt!

---

* in Vorbereitung im Verlag Peter Erd.

Kontaktadressen

für Rebirthing und das Loving Relationships Training (L. R. T.):

Ines Howe
Gervinusstr. 19a
D–1000 Berlin 12
Tel. 030/3241943

LRT-Zentrum in Schweden:

Marianne Thorsell
Krugmakargatan 18
Stockholm 11651
Schweden
Tel. 00468/848616

LRT-Zentrum in England:

Diane Roberts und Ronald Fuchs
9d, Claverton Street
London
SW IV 3AY
England
Tel. 00441/6301501